Vegetarisch
kochen und genießen

Prof. Dr. Claus Leitzmann · Kathi Dittrich · Christl und Gabi Kurz

Vegetarisch kochen und genießen

Alle Gerichte für 2 Personen

INHALT

Ernährung im Wandel der Zeit —— 6

Fit am Arbeitsplatz durch richtige Ernährung —— 7

Essen wir uns krank? —— 9

Ernährung ohne Fleisch —— 11

Vollwert-Ernährung – was ist das? —— 12
    Frisches steht an erster Stelle —— 12
    Gesundheit fördern – Nährstoffe tanken —— 12
    Gesunde Umwelt – gesunde Nahrung —— 14
    Gesellschaftsverträgliche Ernährung – genug für alle —— 15

Empfehlungen für die Lebensmittelauswahl —— 16
    Getreide und Getreideprodukte —— 16
    Gemüse und Obst —— 18
    Nüsse, Samen und Keimlinge —— 19
    Milch und Milchprodukte —— 20
    Fleisch, Wurst und Fisch —— 20
    Eier —— 20
    Fette und Öle —— 20
    Kräuter und Gewürze —— 21
    Getränke —— 22

Haushaltsführung leicht gemacht —— 23
    Der richtige Einkauf —— 23
    Vorratshaltung —— 24

Vollwertig vegetarisch kochen – schnell und energiesparend —— 26
    Küchengeräte —— 26
    Gut geplant ist halb gekocht —— 27
    Garmethoden —— 28
    Es geht auch mit Gemütlichkeit —— 29

Hinweise zu den Rezepten —— 30

Salate und Brotaufstriche —— 32

Suppen —— 50

Gemüse —— 60

Getreide —— 82

Desserts —— 110

Register —— 126

Rezeptverzeichnis —— 127

ERNÄHRUNG
IM WANDEL DER ZEIT

Die „gute alte" Großfamilie, in der die Hausfrau in der Küche regierte, gibt es fast nicht mehr. Damals, als noch mehrere Generationen unter einem Dach wohnten, kümmerten sich ein oder zwei Frauen um das leibliche Wohl der ganzen Familie. Da sich die Arbeitsplätze der Männer überwiegend in der näheren Umgebung des Wohnortes befanden, mußten sie die gesamte Familie rund um die Uhr versorgen. Der Anbau von Obst und Gemüse im eigenen Garten zählte ebenso zu ihren Pflichten wie die Haltung von Kleintieren, eine umfassende Vorratswirtschaft, das Backen von Brot und natürlich die tägliche Speisenzubereitung. Alles in allem ein großes Pensum an Arbeit, das die Frauen 12 bis 14 Stunden am Tag in Bewegung hielt.

Im Laufe der Zeit haben sich die sozialen Strukturen stark verändert. Immer mehr Menschen leben heute in kleinen Haushalten, etwa 30 Prozent der bundesdeutschen Bevölkerung wohnen bereits ganz allein.

Die Speisemenge in einem kleinen Haushalt ist oft so gering, daß viele Leute es gar nicht als lohnend erachten, zu kochen. Hinzu kommt, daß zunehmend beide Partner berufstätig sind. Lange Fahrten zum Arbeitsplatz, aufwendige Freizeitaktivitäten und verschiedene soziale Verpflichtungen nehmen immer mehr Zeit in Anspruch. Die Bereitschaft, den verbleibenden Rest für Hausarbeit und Nahrungszubereitung zu verwenden, ist meist sehr gering, zumal die unentgeltliche Arbeit im Haushalt nicht hoch angesehen ist.

Die Folge ist, daß immer mehr Tätigkeiten, die früher die Haushalte selbst erledigten, heute Dienstleistungsbetrieben überlassen werden. In der Ernährung macht sich das am steigenden Absatz von Fertiggerichten, Tiefkühlprodukten und Fast-Food-Speisen deutlich bemerkbar.

Schnell, aber ohne Genuß

Das schnelle Essen sowohl zu Hause als auch außer Haus erspart zwar einige Mühe, ist aber auch mit vielen Nachteilen verbunden. Besonders aus gesundheitlicher Sicht ist die zunehmende Tendenz, zu Fertiggerichten und Fast-food-Produkten zu greifen, bedenklich.

- Sie enthalten in der Regel zuviel Fett und zuwenig Kohlenhydrate.
- Sie sind arm an wichtigen Mineralstoffen, Vitaminen und Ballaststoffen, und sie sind meist zu salzig.
- Sie enthalten häufig zahlreiche Zusatzstoffe, wie Farbstoffe, Konservierungsstoffe und Geschmacksverstärker, die zwar Optik und Haltbarkeit verbessern können, aber über die wahre Qualität des Produkts eher hinwegtäuschen.

Fertiggerichte-Esser können zudem nicht selbst entscheiden, was sie in welcher Qualität verzehren wollen. Sie müssen akzeptieren, was ihnen vorgesetzt wird, und meist erfahren sie nicht einmal genau, aus welchen Lebensmitteln und Stoffen die Gerichte zusammengesetzt sind. Viele Menschen sind mit dieser Situation unzufrieden. Sie suchen deshalb nach einer Ernährungsweise, die den unterschiedlichsten Anforderungen gerecht wird.

- Sie muß unserem Körper alle Substanzen zuführen, die er benötigt, um optimal funktionieren zu können.
- Sie muß eine möglichst hohe Lebensqualität gewährleisten.
- Sie muß leicht verfügbar und ohne großen Aufwand in den Berufsalltag zu integrieren sein.
- Darüber hinaus sollte sie in guter Qualität in Kantinen und Restaurants angeboten werden.

Daß die Vollwert-Ernährung – auch in der vegetarischen Variante – diesen Ansprüchen gerecht wird, zeigen wir auf den folgenden Seiten.

FIT AM ARBEITSPLATZ DURCH RICHTIGE ERNÄHRUNG

Sparsam mit Nahrungsenergie

Im Verlauf weniger Generationen hat sich unser Lebensstil grundsätzlich geändert: Während früher noch in den meisten Berufen körperlich schwer gearbeitet wurde, herrscht heute die sitzende Arbeitsweise vor, die ganz andere Anforderungen an die Ernährung stellt. Noch vor hundert Jahren verbrauchte ein Arbeiter fast doppelt so viel Nahrungsenergie wie heute. In weiten Teilen der Bevölkerung gab es erhebliche Probleme, überhaupt genügend Nahrung zu beschaffen. Sättigende Speisen, wie Haferbrei oder Kartoffeln mit Schweineschmalz, waren gerade recht, um dem schwerarbeitenden Menschen genügend Energie zu liefern.

Heute stehen die Angehörigen der westlichen Industrieländer hinsichtlich der Nahrungsenergiezufuhr geradezu vor dem umgekehrten Problem. Viele technische Erfindungen und Umstrukturierungen in der Arbeitswelt haben uns das Leben körperlich leichter gemacht. Heute zählen weniger als 7 Prozent aller Erwerbstätigen zu den körperlich schwer arbeitenden Menschen. Höhere Einkommen und steigender Wohlstand ermöglichen es, ausreichend Nahrungsmittel und vermehrt auch teure Produkte wie Fleisch zu kaufen. All dies führte dazu, daß wir heute weit mehr Nahrungsenergie aufnehmen, als wir eigentlich benötigen.

Überschüssige Energie speichert der Körper vorsorglich für Notzeiten. Das weitverbreitete Übergewicht macht deutlich, daß die Zeiten des Nahrungsmangels der Vergangenheit angehören.

Ziel einer zeitgemäßen und bedarfsgerechten Ernährungsweise muß es daher sein, Lebensmittel mit möglichst wenig Energiegehalt, aber optimalem Nährstoffgehalt zu verzehren.

Großzügig mit Nährstoffen

Das heutige Berufsleben erfordert zwar weniger Muskelkraft als früher, dafür aber andere Qualitäten, wie hohe Konzentrationsfähigkeit, Verantwortungsbereitschaft und starke psychische Belastbarkeit. Hinzu kommen negative Einflußfaktoren wie Lärm, Tabakrauch, Großraumbüros, Klimaanlagen und Kunstlicht, denen wir tagtäglich ausgesetzt sind. Nach wie vor wird also unserem Körper viel abverlangt, wenn auch heute in anderer Form.

Damit er diesen Anforderungen gerecht werden kann, benötigt er ein gut funktionierendes Immunsystem und optimale Leistungsfähigkeit. Grundlage dafür ist, daß dem Organismus alle lebenswichtigen Nähr- und Wirkstoffe in ausreichender Menge zur Verfügung stehen. Das heißt, der Anteil an diesen Stoffen darf nicht wie der Nahrungsenergiegehalt sinken, sondern muß in einzelnen Bereichen sogar steigen. Ziel ist es also, Lebensmittel mit hohem Gehalt an Vitaminen, Mineral- und Ballaststoffen zu verzehren. Solche Lebensmittel besitzen eine hohe Nährstoffdichte, sie liefern also bezogen auf den Energiegehalt viele Vitamine sowie Mineral- und Ballaststoffe.

Schwung durch Ballaststoffe

Ein großes Manko sowohl im Privat- als auch im Arbeitsleben ist das Fehlen körperlicher Bewegung. Ob beim Frühstück, im Auto, im Büro oder vorm Fernseher, wir sitzen fast den ganzen Tag. Diese Körperhaltung belastet aber nicht nur die Wirbelsäule, sondern kann sich auch negativ auf die Verdauung auswirken. In Kombination mit einer ballaststoffarmen Ernährung führt dies leicht zu Verstopfung.

Ballaststoffe (Stoffe, die nicht verdaut werden und keine Energie liefern) bringen Schwung in das Verdauungssystem. Verzehren Sie daher regelmäßig ballaststoffreiche Lebensmittel wie Gemüse, Obst und Getreideprodukte aus Vollkorn. Am besten ist es, wenn ein größerer Teil der Lebensmittel in unerhitzter Form gegessen wird, denn Hitze mindert die Wirkung der nützlichen Ballaststoffe.

Vorteile von Ballaststoffen:
- Bessere Zahngesundheit,
- länger anhaltende Sättigung,
- Anregung der Darmbewegungen und Stuhlentleerung durch Vergrößerung des Nahrungsbreis,
- Senkung des Cholesterinspiegels durch Bindung von Gallensäuren im Darm,
- Bindung und Ausscheidung von Schadstoffen,
- Förderung einer positiven Darmflora.

Leistungstiefs auffangen

„Ein voller Bauch studiert nicht gern". Sicher kennen auch Sie das Völlegefühl und das Tief nach einer üppigen Mahlzeit. Aber auch wenn der Magen in der Kniekehle hängt und gewaltig knurrt, ist es mit der Konzentration vorbei. Essen Sie daher in regelmäßigen Abständen – immer dann, wenn Sie Hunger verspüren – so lassen sich Leistungstiefs auffangen. Für viele Menschen sind vier bis fünf Mahlzeiten am Tag ideal.

Nehmen Sie sich für die Zwischenmahlzeit Obst, rohe Gemüsestückchen und Knäcke- oder Fladenbrot mit an den Arbeitsplatz. So kommen Sie nicht in die Verlegenheit, Ihren Hunger am Kiosk nebenan mit Süßigkeiten oder Gebäck zu stillen.

Für die Hauptmahlzeit sollten Sie sich immer etwas Zeit und Ruhe gönnen. Hastig hinuntergeschlungenes Essen liegt schwer im Magen. In Ruhe genossen und gründlich gekaut, bekommen Ihnen die Speisen viel besser.

Vermeiden Sie besonders mittags fettige und schwere Speisen sowie große Portionen. Viel Frischobst kombiniert mit kleinen Kartoffel- oder Getreidegerichten sind die beste Voraussetzung, einen anstrengenden Nachmittag gut zu bestehen.

ESSEN WIR UNS KRANK?

Es ist kein Geheimnis mehr, daß uns unsere heutige Lebensweise krank macht: Wenig Bewegung, viel Streß, Rauchen und ungünstige Ernährungsgewohnheiten belasten über Jahre hinweg unsere Gesundheit. Zahlreiche sogenannte Zivilisationskrankheiten resultieren unter anderem aus einer falschen Ernährungsweise. Viele Menschen sind davon betroffen. An zu hohen Blutfettwerten, zuviel Cholesterin, Übergewicht oder Darmträgheit leiden etwa 60 Prozent aller Bundesbürger und Bundesbürgerinnen. Die Folge dieser sogenannten Risikofaktoren können unter anderem sein: Arteriosklerose, Herzinfarkt, Altersdiabetes, Gicht, Karies und Gallensteine.

Darüber hinaus gibt es viele Hinweise, daß ungünstige Ernährungsgewohnheiten weitere Krankheiten wie Krebs, besonders Dickdarmkrebs, verschiedene Allergien, Rheuma, Hämorrhoiden und Krampfadern mitbedingen können. Daß es zu diesen zum Teil sehr schlimmen Erkrankungen kommt, liegt unter anderem daran, daß wir zuviel von den ungünstigen und zuwenig von den günstigen Lebensmitteln verzehren. Auf eine Kurzformel gebracht, können die häufigsten Ernährungsfehler folgendermaßen beschrieben werden: zuviel, zu fett, zu süß, zu salzig und zuviel Alkohol.

Dagegen kommen Lebensmittel, die reich an Vitaminen, Mineral- und Ballaststoffen sind, in unserer Lebensmittelauswahl meist zu kurz.

Das Zuviel bezieht sich auf den Energiegehalt der Nahrung. Die vielen Kalorien stammen vorwiegend aus fetten und süßen Speisen sowie aus zucker- oder alkoholhaltigen Getränken.

Fett kommt nicht nur als Butter, Margarine oder Speiseöl auf den Tisch, sondern versteckt sich auch in Wurst, Käse, Backwaren, Süßigkeiten und Knabbereien. So enthält eine mittlere Tüte Kartoffelchips schon 70 Gramm Fett und liefert 630 Kilokalorien. Eine Dose Erdnüsse (200 Gramm) hat genauso viele Kilokalorien wie 50 Gewürzgurken.

Auch Zucker wird nur in kleinen Mengen direkt als weißer Haushaltszucker verzehrt. Der weitaus größere Prozentsatz findet sich in Süßigkeiten, Marmeladen, Backwaren und Getränken wie Limonaden, Colagetränken, Kakao – oder Fruchtsaftgetränken. Auch in herzhaften Nahrungsmitteln ist Zucker als Bestandteil keine Seltenheit: Wußten Sie, daß in Tomatenketchup, Dressings und einigen Fertiggerichten erhebliche Mengen Zucker enthalten sind?

Ähnlich verhält es sich mit dem Kochsalz. Große Mengen werden bereits bei der Mahlzeitenzubereitung verwendet, aber auch die Nahrungsmittelindustrie verbraucht es großzügig, so zum Beispiel für Käse, Brot, Knabbereien und für viele Fertigprodukte. Mit den heute weitverbreiteten Eßgewohnheiten läßt sich diese Fehlernährung kaum in den Griff bekommen. Auch das Berechnen von Kalorien, Vitaminen und anderen Nährstoffen hilft auf lange Sicht nicht weiter. Letztendlich kommen wir nicht darum herum, unsere Ernährungsgewohnheiten grundlegend zu verändern. Und da sich viele gesundheitliche Störungen erst nach jahrzehntelanger Fehlernährung einstellen und dann schwer zu beseitigen sind, sollten Sie nicht zögern, bald damit anzufangen.

Essen Sie sich fit

Mit der Vollwert-Ernährung umgehen Sie fast alle Ernährungsfehler ohne große Rechnerei durch eine günstige und ausgewogene Zusammenstellung der Lebensmittel. Viel Gemüse, Obst und Getreide sorgen für die optimale Zufuhr von wichtigen Vitaminen, Mineral- und Ballaststoffen, ohne daß gleichzeitig größere Mengen Fett aufgenommen werden. Milch und Milchprodukte enthalten bestimmte Vitamine und Mineralstoffe sowie Eiweiß in hoher Qualität. Der Verzicht oder die sehr sparsame Verwendung von Fleisch, Wurst und Eiern beugt einer zu hohen Fett- und Eiweißzufuhr sowie der Aufnahme problematischer Begleitstoffe, wie des Cholesterins und der Purine vor (Purine sind Stoffe, die zu Harnsäuren abgebaut werden. Bei erhöhter Zufuhr fördern sie Gicht. Besonders purinreich sind Innereien, Fleisch und Fisch.). Damit sind die gesundheitlichen Vorteile der Vollwert-Ernährung nur grob umrissen. Diese Ernährungsform beeinflußt die recht komplizierten Stoffwechselvorgänge auf lange Sicht hin günstig und steigert damit Gesundheit und Wohlbefinden (siehe auch Kapitel „Vollwert-Ernährung – was ist das?", Seite 12 bis 22). Auch die vegetarische Variante der Vollwert-Ernährung (ohne Fleisch und Fisch) ermöglicht eine optimale Versorgung mit wichtigen Nähr- und Wirkstoffen und trägt damit zur Erhaltung der Gesundheit bei. Verschiedene Untersuchungen an Vegetariern, die unter anderem vom Bundesgesundheitsamt Berlin, dem Krebsforschungszentrum Heidelberg und der Universität Gießen durchgeführt wurden, belegen dies.

Doch Ernährung ist nicht alles: Zu einer gesunden Lebensführung gehören ebenso ausreichende Bewegung, Phasen der Entspannung, Vermeidung von Nikotin und Drogen sowie seelische Ausgeglichenheit.

Wie lassen sich Ernährungsfehler vermeiden?

<u>Essen Sie mehr:</u>
– Gemüse und Kartoffeln,
– Obst,
– Vollkorn und Vollkornprodukte,
– Hülsenfrüchte,
– pflanzliche Öle (in Maßen).

<u>Trinken Sie mehr:</u>
– Mineralwasser,
– Kräuter- und Früchtetee.

<u>Essen Sie weniger, oder meiden Sie ganz:</u>
– Auszugsmehlprodukte,
– Zucker und Süßigkeiten,
– Fleisch und Wurst,
– Eier,
– tierische Fette,
– Alkohol,
– Salz.

Ernährungsfehler und ihre Folgen

Erhöhte Zufuhr von:	Folgen:
Energie, Fett	Fettstoffwechselstörungen Arteriosklerose
Cholesterin	Gallensteine
Purinen	Gicht
Zucker	Karies
Salz	Bluthochdruck
Zu geringe Zufuhr von:	Folgen:
Ballaststoffen	Verstopfung Divertikulose (Vorhandensein sackförmiger Ausbuchtungen im Darm, vor allem im Dickdarmbereich)
Jod	Kropf

ERNÄHRUNG OHNE FLEISCH

Der bewußte Verzicht auf Fleisch hat eine Jahrtausende alte Tradition. Pythagoras war der Begründer des klassischen Vegetarismus, der keine Nahrung vom toten Tier erlaubt: Auch die großen Weltreligionen Hinduismus und Buddhismus sowie zahlreiche kleinere Religionsgruppen schreiben eine fleischlose Kost vor.
Heute verzichten immer mehr Menschen, auch aus anderen Gründen, auf Schnitzel und Co. Gesundheitliche, ökologische und ethische Aspekte stehen dabei im Vordergrund. Massentierhaltung, die Achtung vor dem Leben des Tieres sowie die vielen gesundheitlichen Nachteile, die mit einem hohen Fleisch- und Wurstkonsum einhergehen, geben vielen Menschen Anlaß nachzudenken. Eine konsequente Reaktion darauf ist, auf tierische Lebensmittel – insbesondere auf Fleisch und Wurst – zu verzichten. Im allgemeinen werden drei Arten von vegetarischer Kost unterschieden:

Ovo-lakto-vegetabile Kost
Diese Kostform wird von der überwiegenden Zahl der Vegetarier praktiziert. Sie enthält neben den pflanzlichen Lebensmitteln auch Milch und Milchprodukte sowie Eier.

Laktovegetabile Kost
Bei dieser Kostform werden aus der Palette der tierischen Lebensmittel nur Milch und Milchprodukte verzehrt. Die Zahl der Laktovegetarier ist gering.

Vegane Kost
Veganer lehnen alle Produkte, die vom Tier stammen, ab. Sie verzehren also weder Fleisch und Fleischwaren, Fisch und Eier, noch Milch und Milchprodukte. Meist verzichten Veganer auch auf Gebrauchsgegenstände von Tieren wie Leder. Veganer sind unter den Vegetariern eine Ausnahme.
Um die gesundheitlichen Vorteile einer vegetarischen Ernährungsweise voll nutzen zu können, darf aber nicht einfach nur auf tierische Lebensmittel verzichtet werden. Wer sich weiterhin vorwiegend von Produkten aus Auszugsmehlen, von zuckerhaltigen Lebensmitteln und Dosengemüse ernährt und ein sogenannter „Puddingvegetarier" ist, kann seinen Nährstoffbedarf nicht decken. Vielmehr müssen dann nährstoffreiche pflanzliche Lebensmittel wie Gemüse, Obst, Vollkorn, Vollkornprodukte, Hülsenfrüchte und Nüsse bei Vegetariern an die erste Stelle treten. Eine optimale Versorgung mit allen lebensnotwendigen Nahrungsstoffen gewährleistet die vegetarische Variante der Vollwert-Ernährung, die im folgenden dargestellt wird.

VOLLWERT-ERNÄHRUNG – WAS IST DAS?

Oberstes Ziel der Vollwert-Ernährung ist es, die Gesundheit der Menschen zu erhalten und ihr Wohlbefinden zu fördern. Dabei geht es nicht nur ums Essen und Trinken. Denn neben der Nahrung haben auch die Umwelt und soziale Umstände starke Auswirkungen auf die Lebensmittel und auf unser Befinden. Sind diese beiden Bereiche gestört, so ist auch die Gesundheit des einzelnen gefährdet. Ungünstige Ernährungsweisen können also die Gesundheit ebenso beeinträchtigen wie Luft- und Wasserverschmutzung oder Armut und psychosoziale Schwierigkeiten.
Die Vollwert-Ernährung ist daher bestrebt, unseren Körper gesund zu erhalten, der Natur wenig zu schaden und gesellschaftliche Gerechtigkeit zu ermöglichen. Sie greift dabei auf altbewährte Erfahrungen zurück und bezieht gleichzeitig neueste wissenschaftliche Erkenntnisse mit ein.

Frisches steht an erster Stelle

Aus diesem übergreifenden Konzept ergeben sich konkrete Empfehlungen:
Es sollten vorwiegend pflanzliche Lebensmittel wie Gemüse, Obst, Vollkorn, Kartoffeln und Hülsenfrüchte verzehrt werden. Auch Milch und Milchprodukte wie Käse, Joghurt, Quark und Butter spielen eine wichtige Rolle. Fleisch, Fisch und Eier werden nicht gänzlich abgelehnt, Nichtvegetarier können wenig davon aufnehmen.
Etwa die Hälfte der Nahrung sollte aus unerhitzter Kost bestehen. Dazu zählen sowohl frisches Obst und Gemüse als auch Frischkorn, unerhitzte Milchprodukte sowie Nüsse, Samen und ähnliches. Die andere Hälfte setzt sich aus erhitzten Gerichten mit Getreide, Kartoffeln und Hülsenfrüchten sowie gegartem Gemüse zusammen. Auch Vollkornback- und -teigwaren, pasteurisierte Milchprodukte sowie Eier gehören dazu.

Um den Durst zu löschen, sind Kräuter- und Früchtetees, Mineralwässer sowie verdünnte Fruchtsäfte am besten geeignet. Kaffee, schwarzer Tee, Bier und Wein sollten nur gelegentlich getrunken werden.
Die Speisen in der Vollwert-Ernährung werden aus frischen Lebensmitteln schonend, bekömmlich und schmackhaft zubereitet. Dabei stammen die verwendeten Produkte vorzugsweise aus anerkannt ökologischer Landwirtschaft.
Vollwert-Ernährung ist keine Diät, sondern eine Ernährungsweise für jeden Tag und das ganze Jahr über. Sie schmeckt Kindern genauso wie Erwachsenen und ist für Gesunde, aber auch für Kranke – mit einigen Einschränkungen – zu empfehlen. Immer häufiger wird sie in der Therapie von Stoffwechselerkrankungen eingesetzt. Folgende Grundsätze liegen den Ernährungsempfehlungen der Vollwert-Ernährung zugrunde:
– Individual-, besonders Gesundheitsverträglichkeit,
– Umweltverträglichkeit,
– Gesellschaftsverträglichkeit.

Gesundheit fördern – Nährstoffe tanken

Damit Körper und Geist optimal funktionieren können, brauchen Sie alle dafür nötigen Stoffe. Ähnlich wie ein Auto nicht ohne Benzin und Öl fährt, ist unser Körper auf die Zufuhr von Substanzen angewiesen, die er selbst nicht herstellen kann.
Die Vollwert-Ernährung ist so konzipiert, daß der Organismus mit allen lebenswichtigen Nähr- und Wirkstoffen bestens versorgt und die Zufuhr ungünstiger Stoffe so weit wie möglich vermindert wird. Dies fördert körperliche und geistige Leistungsfähigkeit und stärkt die Abwehrkräfte.
Vorwiegend pflanzliche Lebensmittel stehen auf dem täglichen Speiseplan. Gemüse

und Obst, Getreide und Kartoffeln, Samen und Nüsse sowie pflanzliche Öle enthalten alle wichtigen Vitamine und Mineralien sowie lebensnotwendige Fettsäuren, die der menschliche Organismus nicht selbst bilden kann und die deshalb regelmäßig zugeführt werden müssen. Bestimmte Wirkstoffe sind nur in pflanzlichen Lebensmitteln vorhanden, wie Ballaststoffe und die sogenannten sekundären Pflanzenstoffe. Letztere benötigt der Körper zwar nicht unbedingt, sie wirken jedoch als Geschmacks- und Aromastoffe auf vielfältige Weise gesundheitsfördernd. Einige ihrer Wirkungen sind:
– Anregung der Verdauungsenzyme,
– Senkung des Cholesterinspiegels,
– Steigerung der Abwehrkräfte,
– Abwehr bestimmter Bakterien,
– Hemmung von Entzündungen,
– Förderung der Wundheilung,
– Vorbeugung gegen bestimmte Krebsarten.

Stehen die pflanzlichen Lebensmittel im Mittelpunkt der Ernährung, reduziert sich ganz von selbst der Anteil tierischer Produkte. Dadurch werden weniger problematische Stoffe wie Cholesterin und Purine aufgenommen. Auch eine zu hohe Fett- und Eiweißaufnahme läßt sich durch diese Ernährungsweise vermeiden.

Ausreichend Eiweiß?

Viele Menschen befürchten, daß ihre Eiweißversorgung bei einer überwiegend vegetarischen Ernährung gefährdet wäre. Dies ist nicht der Fall.
Da der Zusammenhang einer hohen Eiweißzufuhr mit dem Auftreten von Stoffwechselerkrankungen diskutiert wird, ist es ratsam, unsere zu hohe Eiweißzufuhr zu senken. Wer auf Fleisch und Wurst weitgehend verzichtet, weiterhin aber Milch, Milchprodukte und Eier verwendet, wird keine Schwierigkeiten haben, seinen Eiweißbedarf zu decken.
Es geht aber auch ganz ohne tierische Produkte: Manche Menschen vertragen aufgrund von Allergien keine Lebensmittel vom Tier oder wollen diese aus persönlichen Gründen nicht verzehren. Trotzdem können sie genügend Eiweiß aufnehmen.
Das Eiweiß in den einzelnen pflanzlichen Lebensmitteln ist für unsere Ernährung nicht immer so wertvoll wie das von tierischen, aber in Kombination können sich verschiedene Eiweiße optimal ergänzen.

Da unsere Mahlzeiten üblicherweise aus mehreren Lebensmitteln zusammengesetzt sind, können sie, hinsichtlich des Eiweißgehalts, wertvoller sein als einzelne tierische Produkte. Die richtige Zusammenstellung der Lebensmittel sichert also auch strengen Vegetariern – sogenannten Veganern – eine ausreichende Eiweißversorgung.

Wertvolle Eiweißkombination

	Milch Milchprodukte	Eier	Brot Getreide	Mais	Kartoffeln	Hülsenfrüchte	Nüsse Samen
Milch Milchprodukte							
Eier							
Brot, Getreide							
Mais							
Kartoffeln							
Hülsenfrüchte							
Nüsse Samen							

Den vollen Wert der Nahrung nutzen

Damit möglichst viele wertvolle Inhaltsstoffe erhalten bleiben, sollten die Lebensmittel so wenig wie möglich behandelt werden. Denn fast alle Verarbeitungsmaßnahmen zerstören wichtige Substanzen oder trennen sie ab. Ein Beispiel dafür ist die Erzeugung von Weißmehl aus Getreide. Bis zu 80 Prozent der Vitamine, Mineral- und Ballaststoffe gehen dabei verloren und stehen dem Körper somit nicht mehr zur Verfügung. Oder nehmen Sie als weiteres Beispiel einen Apfel: Essen Sie ihn mit der Schale, so enthält er noch alle Vitamine, Mineral- und Ballaststoffe, die er im Laufe seines Wachstums und seiner Reifung gebildet hat. Wird der Apfel geschält, wandert bereits ein Teil mit der Schale in den Abfall. Verarbeiten Sie den geschälten Apfel nun zu Apfelmus, so gehen zusätzlich hitzeempfindliche Vitamine und sekundäre Pflanzenstoffe verloren, und die Wirksamkeit der

Gesundheit fördern – Nährstoffe tanken 13

kontrollierte biologische Produkte

Ballaststoffe wird vermindert. Ihr Körper bekommt immer weniger von den für ihn notwendigen Substanzen.

Aus diesem Grund gilt auch heute noch die Empfehlung, die Prof. Kollath schon vor fünfzig Jahren gab: „Laßt unsere Nahrung so natürlich wie möglich!" Das heißt, die Lebensmittel sollten nicht mehr als notwendig verarbeitet sowie möglichst als Frischkost verzehrt werden. In einer solchen Ernährungsweise sind Lebensmittel, die durch Konservierungsstoffe haltbar gemacht und mit Farb- und Aromastoffen geschönt werden, nicht vorhanden. Diese zum Teil umstrittenen Zusatzstoffe kommen also bei der Vollwert-Ernährung erst gar nicht auf Ihren Teller.

Sie können jedoch nicht alle Lebensmittel in unerhitztem Zustand verzehren: Kartoffeln, grüne Bohnen, Erbsen und andere Hülsenfrüchte müssen Sie auf alle Fälle kochen, damit sie bekömmlich sind.

Gesunde Umwelt – gesunde Nahrung

Eine gesunderhaltende Ernährung ist wichtig, sie ist jedoch kaum möglich, wenn Boden, Wasser und Luft und damit unsere Lebensmittel durch Umweltschadstoffe in Mitleidenschaft gezogen werden. Denn: Unsere Nahrung kann nur so gut sein wie die Umwelt, aus der sie stammt. Auch unsere Ernährungsweise trägt zur Belastung der Umwelt bei. Das Konzept der Vollwert-Ernährung versucht, die genannten Zusammenhänge zu berücksichtigen. Aus diesem Grund wird Produkten aus anerkannt ökologischer Landwirtschaft der Vorzug gegeben. Diese Wirtschaftsweise erhält das ökologische Gleichgewicht weitgehend und setzt keine chemisch-synthetischen Substanzen ein. Rückstände von Pestiziden oder Tierarzneimitteln sind daher in ökologisch erzeugten Lebensmitteln nicht zu erwarten. Die überall vorhandenen Umweltschadstoffe aus Luft und Wasser können jedoch auch in diesen Erzeugnissen enthalten sein.

Damit Sie nicht Pseudo-Bio-Angeboten auf den Leim gehen, sollten Sie auf die Kennzeichnung der Lebensmittel mit den Warenzeichen der ökologischen Anbauverbände achten. Ab Juli 1992 ist auch die Bezeichnung „Ökologische Agrarwirtschaft – EWG Kontrollsystem" gültig.

Aufwendige Gewächshauskulturen sowie lange Transportwege sollten Sie nicht unterstützen. Kaufen Sie vorwiegend Gemüse- und Obstsorten der Saison, die aus der näheren Umgebung stammen. Diese Produkte sind außerdem meist die preiswertesten und aromatischsten, da sie reif geerntet werden können und keine langen Anfahrtwege überstehen müssen. Trotz aller Züchtungsversuche schmecken Erdbeeren aus Übersee und Tomaten aus dem Gewächshaus längst nicht so gut wie im Freiland gezogenes heimisches Obst und Gemüse.

Berge von Verpackungen

Auch bei der Verarbeitung und Verpackung von Lebensmitteln wird die Umwelt in Mitleidenschaft gezogen. Blechdosen, Plastiktüten, Aluminiumfolie und Einwegflaschen häufen sich schon jetzt auf den Müllbergen und belasten Wasser, Boden und Luft. Die neu eingeführte Verpflichtung der Hersteller zur Rücknahme von Verpackungen – gekennzeichnet mit dem grünen Punkt – stellt für die Umwelt keine wesentliche Entlastung dar. Es muß vor allen Dingen Müll vermieden und Verpackungsmaterial eingespart werden.

Tips zum Müllsparen
– Nehmen Sie zum Einkauf Einkaufstasche, Korb oder Netz mit.
– Kaufen Sie Getränke nur in Mehrwegflaschen.
– Bevorzugen Sie unverpackte Lebensmittel.
– Lassen Sie sich Käse und Wurst in eine mitgebrachte Dose abpacken.
– Verwenden Sie Papiertüten für Obst, Gemüse, Brot und Getreide mehrmals.
– Bevorzugen Sie Erzeugnisse aus ungebleichtem Recyclingpapier.

Gesellschaftsverträgliche Ernährung – genug für alle

Wir dürfen uns nicht weiterhin auf Kosten anderer ernähren. Es muß möglich sein, die Weltbevölkerung mit ausreichend Nahrungsmitteln zu versorgen sowie humane Arbeitsbedingungen und gerechte Entlohnung bei der Nahrungsmittelerzeugung zu gewährleisten. Es ist paradox, daß Entwicklungsländer Soja- oder Erdnußschrot als billiges Futtermittel exportieren, um unsere Fleischproduktion auf sehr hohem Niveau zu halten, während viele dieser Länder nicht genügend Nahrungsmittel für ihre eigene Bevölkerung haben. Unverantwortlich ist auch, daß beispielsweise Kaffeepflücker in Ländern der Dritten Welt so wenig Lohn erhalten, daß sie kaum ihre Familie davon ernähren können. Die Arbeiter bekommen nur einen Bruchteil des Geldes, das wir für Bohnenkaffee bezahlen. Eine angemessene Entlohnung wäre ein wichtiges Ziel bei der Preisfestsetzung.

Der einzelne wird sicher nicht die komplizierten, internationalen Handelsbeziehungen überblicken und verändern können. Eine gerechtere Verteilung der weltweit produzierten Nahrung muß jedoch mit gemeinsamen Kräften angestrebt werden. Dazu kann jeder durch sein Kaufverhalten beitragen. Kleine Schritte in diese Richtung sind, Kaffee, Kakao und Tee aus anerkannt ökologischem Anbau von Kooperativen zu kaufen, zum Beispiel im Dritte-Welt-Laden, und Milch, Milchprodukte und Eier aus anerkannt ökologischer Landwirtschaft zu beziehen, die auf Importfuttermittel verzichten. Auch die heimischen Nahrungsmittelerzeuger sollten Sie unterstützen.

Grundsätze der Vollwert-Ernährung
(Stand vom 9.6.1992)

1. Bevorzugung pflanzlicher Lebensmittel (überwiegend lakto-vegetabile Ernährungsweise)
2. Bevorzugung gering verarbeiteter Lebensmittel (Lebensmittel so natürlich wie möglich)
3. Reichlicher Verzehr unerhitzter Frischkost (etwa die Hälfte der Nahrungsmenge)
4. Zubereitung genußvoller Speisen aus frischen Lebensmitteln, schonend und mit wenig Fett
5. Vermeidung von Produkten mit Lebensmittelzusatzstoffen
6. Vermeidung von Produkten aus problematischer Herstellung oder Verarbeitung, wie Lebensmittelbestrahlung und bestimmte Verfahren der Biotechnologie, besonders Gentechnologie
7. Möglichst ausschließliche Verwendung von Erzeugnissen aus anerkannt ökologischer Landwirtschaft (nach den AGÖL- oder IFOAM-Richtlinien)
8. Bevorzugung von Erzeugnissen aus regionaler Herkunft und entsprechend der Jahreszeit
9. Bevorzugung unverpackter oder umweltschonend verpackter Lebensmittel
10. Vermeidung bzw. Verminderung der allgemeinen Schadstoffemission und dadurch Schadstoffaufnahme durch Verwendung umweltverträglicher Produkte und Technologien
11. Verminderung von Veredelungsverlusten durch geringeren Verzehr tierischer Lebensmittel
12. Vermeidung landwirtschaftlicher Produkte, deren Erzeugung, Verarbeitung und Vermarktung die Lebenssituation anderer Menschen beeinträchtigt, besonders in Entwicklungsländern

EMPFEHLUNGEN FÜR DIE LEBENSMITTELAUSWAHL

Getreide und Getreideprodukte

Getreide sowie Erzeugnisse daraus sind ein wesentlicher Bestandteil der Vollwert-Ernährung; denn die unscheinbaren Körner stecken voller wichtiger Inhaltsstoffe, wie Vitamine, besonders der B-Gruppe, sowie Mineral- und Ballaststoffe. Auch hochwertige Fettsäuren und das Eiweiß machen Getreide für die menschliche Ernährung so wertvoll. Damit Sie alle Vorteile des Getreidekorns nutzen, sollten Sie sich für Erzeugnisse aus Vollkorn entscheiden, denn beim Schälen oder bei der Verarbeitung zu Auszugsmehl werden die Randschichten des Getreidekorns entfernt, und damit gehen wichtige Wirkstoffe verloren. Streichen Sie deshalb Produkte aus Auszugsmehl wie Weißbrot und andere Backwaren, Nudeln sowie geschälten Reis von Ihrem Speiseplan. Wählen Sie statt dessen aus der reichhaltigen Palette der Vollkornerzeugnisse aus.

Vielfalt bei der Zubereitung

Vollkorngetreide läßt sich auf verschiedenste Weise zubereiten:
Als ganzes Korn gekocht, kann Getreide als Beilage serviert oder auch zu Risotto oder zu Aufläufen verarbeitet werden. Besonders geeignet für diese Zubereitungsart sind Reis, Hirse, Hafer und Grünkern sowie der dem Getreide verwandte Buchweizen. Wie sich ganze Körner am besten kochen lassen, entnehmen Sie der Tabelle auf der Seite 29.

Wird Getreide grob oder mittelfein geschrotet, ist es ideal für Bratlings- oder Auflaufmassen sowie für dicke Suppen. Hierfür eignen sich nahezu alle Getreidesorten. Maisgrieß (Polenta) läßt sich, zu einem dicken Brei gekocht, sehr gut als Beilage servieren. Ein besonderer Vorteil von Maisgrieß ist, daß er schnell gar wird.
Getreideschrot muß aber nicht immer erhitzt werden. Wenige Stunden in Wasser oder Sauermilch eingeweicht, bildet es die Grundlage für ein köstliches Frischkornmüsli. Mit frischem Obst, Milchprodukten und Nüssen zubereitet, stellt es eine gute Basis für einen langen, anstrengenden Arbeitstag dar.
Zu feinem Mehl vermahlen, kann Getreide in der Küche vielfältig verwendet werden. An erster Stelle steht Vollkornbrot, das inzwischen viele Geschäfte anbieten. Doch lassen Sie sich nicht von einer dunklen Farbe und körnigem Aussehen täuschen. Mehrkorn-, Ganzkorn- oder Schrotbrote sind nicht zwangsläufig Vollkornbrote. Fragen Sie genau nach den Zutaten, oder kaufen Sie bei „anerkannten" Vollkornbäckereien ein. Vollkornmehl läßt sich aber nicht nur zu Brot verbacken: Brötchen, Kuchen, Gebäck, Pizzen, Plätzchen und vieles mehr vergrößern die Auswahl an vollwertigen Backwaren. Auch Teigwaren werden aus Vollkornmehl hergestellt.
Aufgrund des hohen Klebergehaltes (Kleber ist ein Getreideeiweiß, das für eine gute Backfähigkeit wichtig ist) sind Weizen und Dinkel für Gebäck und Nudeln am besten geeignet. Bei den meisten Back- und Teigwaren können diese Getreidearten jedoch bis zu 50 Prozent durch andere, wie Hirse, Mais, Hafer oder Roggen, ersetzt werden. Sauerteigbrot besteht ganz oder vorwiegend aus Roggenmehl. Selbstverständlich können Sie mit Vollkornmehl auch Suppen und Saucen binden sowie Mehlspeisen und Puddings kochen. Dazu eignen sich Weizen, Reis und Hirse.
Aus allen Getreidekörnern lassen sich problemlos Sprossen ziehen (siehe Seite 20).

Wer die Wahl hat, hat die Qual

Getreide zu kochen, wird niemals langweilig, denn außer auf die verschiedenen Zubereitungen können Sie auf viele unterschiedliche Arten zurückgreifen:

Weizen
Weizen ist die am häufigsten verwendete Getreideart. Er hat keinen ausgeprägten Eigengeschmack und eignet sich aufgrund seines hohen Klebergehaltes für alle Backwaren. Hartweizen ist eine besonders kleberhaltige Variante. Er wird vorwiegend für die Nudel- und Grießherstellung gebraucht.

Dinkel (4)
Dinkel ist eine Weizenart, die früher weit verbreitet war. Er läßt sich auf die gleiche Weise verarbeiten wie Weizen. Da er noch mehr Klebereiweiß als dieser enthält, ist Dinkel ideal zum Backen.

Grünkern
Als Grünkern wird nicht ausgereifter Dinkel bezeichnet, der unter Hitzeeinwirkung nachgetrocknet wird. Dadurch erhält er einen herzhaften, leicht nussigen, rauchigen Geschmack und eignet sich bestens für Bratlinge, Aufläufe und Suppen.

Roggen
Roggen ist das typische Brotgetreide. Er besitzt wenig Klebereiweiß und kann daher nur mit Sauerteig verbacken werden. Grob geschrotet eignet er sich aber auch für Suppen und Aufläufe.

Gerste
Gerste wird überwiegend als Nacktgerste, eine spelzlose Züchtungsform, angeboten. Normalerweise sitzen die ungenießbaren Spelzen so fest, daß beim Entfernen die Randschicht des Kornes zerstört wird. Gerste enthält verschiedene Schleimstoffe und ist daher für sämige Suppen und Breie gut geeignet. Aber auch im süßen oder pikanten Frischkornmüsli schmeckt Gerste hervorragend.

Hafer (1)
Hafer wird meist als Nackthafer angeboten. Er enthält viel Fett und ist daher besonders gut im Geschmack. Am beliebtesten und bekanntesten sind Haferflocken, doch auch ganze gekochte Körner stellen eine leckere Beilage dar. Haferschrot eignet sich für Breie und Suppen, da Hafer besonders viele Schleimstoffe enthält.

Reis
Reis ist weltweit das wichtigste Grundnahrungsmittel, denn mehr als die Hälfte der Weltbevölkerung ernährt sich vorwiegend davon. Bei uns wird Reis überwiegend als Lang- und Rundkornreis angeboten, und dann meist in geschälter Form auch als parboiled Reis. Geben Sie jedoch Vollkornreis den Vorzug, er läßt sich ausgezeichnet als Beilage oder für Risottos verwenden. Fein gemahlen ist er ein Dickungsmittel, das Saucen und Puddings nicht dunkel färbt.
Wilder Reis zählt nicht zum Getreide, sondern ist der Samen ursprünglich wildwachsender Sumpfgräser in Südamerika. Heute wird er auch großflächig in den USA angebaut. Er ist sehr würzig im Geschmack, aber auch sehr teuer.

Hirse (2)
Vielen Menschen ist Hirse heute nur noch als Vogelfutter bekannt. Vor 150 Jahren jedoch war sie in unseren Breiten weit verbreitet. Heutzutage erlebt das kleine runde gelbe Korn eine Renaissance, da es sehr schmackhaft und gut bekömmlich ist. Hirse ist schnell gar und eignet sich für herzhafte wie für süße Speisen.

Mais
Die Maiskörner werden als Gemüse und Getreide angeboten. Zwei unterschiedliche Züchtungen ermöglichen dies. Die harten getrockneten gelben Körner können nicht in den normalen Haushaltsmühlen vermahlen werden. Kaufen Sie deshalb fertig geschroteten oder gemahlenen Mais. Daraus lassen sich Maisschnitten, Breie oder Aufläufe zubereiten. In Verbindung mit Weizen gibt Maismehl Kuchen einen guten Geschmack.

Buchweizen (3)
Die kleinen, kegelförmigen Körner sind nicht die Samen einer Getreideart, sondern eines Knöterichgewächses. Sie werden in der Küche jedoch wie Getreide verwendet. Buchweizen enthält keinen Kleber, so daß Sie das Mehl zum Backen mit Weizenmehl mischen müssen. Buchweizen schmeckt sehr gut, wenn Sie ihn vor dem Kochen in einer trockenen Pfanne anrösten.

Quinoa (5) und Amaranth (6)
Diese zwei Exoten zählen botanisch gesehen ebenfalls nicht zu den Getreiden. Sie werden aber wie diese in der Küche zubereitet und stammen von Indios aus Mittel- und Südamerika.

1

2

3

4

5

6

Getreide und Getreideprodukte 17

Beide Arten haben einen sehr hohen Eiweißgehalt und lassen sich als ganzes Korn in vielfältiger Weise verwenden. Da sie ähnlich wie Hirse nicht in Europa wachsen und daher weite Strecken transportiert werden müssen, sollten sie nur gelegentlich auf den Tisch kommen.

Gemüse und Obst

Gemüse und Obst sind wahre Vitamin- und Mineralstoffbomben. Kaum eine andere Lebensmittelgruppe hat so viele Vorzüge, dabei aber kaum Nachteile.

Folgende Stoffe verbergen sich in den Früchten, Wurzeln und Blättern:
– Vitamine, vor allem Carotin, Vitamin C, E, B_6 und Folsäure.
– Mineralstoffe, vor allem Magnesium, Kalium und Eisen,
– Ballaststoffe,
– sekundäre Pflanzenstoffe, wie Aroma- und Farbstoffe.

Weil Gemüse und Obst wenig Kalorien, aber viele Nährstoffe enthalten, besitzen sie eine hohe Nährstoffdichte und sind damit ideale Lebensmittel. Am wertvollsten sind Gemüse und Obst, wenn sie nicht erhitzt werden. Wenn Ihnen die Zubereitung eines Salats zu aufwendig ist, essen Sie Gemüse einfach aus der Hand. Gewaschene und geputzte Möhren, Paprika, Gurken, Kohlrabi, Staudensellerie und vieles mehr eignen sich optimal zum Knabbern. Wenn Sie einen würzigen Dip dazu servieren, haben Sie schon eine kleine Mahlzeit. Geputzte und geschnittene Gemüsestücke lassen sich in einer Dose auch sehr gut zur Arbeit mitnehmen. Einmal am Tag sollten Sie sich mindestens so eine Frischkostportion gönnen.

Rot, blau oder grün?

Gemüse und Obst bieten für jedes Auge und jede Geschmacksrichtung etwas. Von den vielen Gemüsearten, die in unseren Breiten gedeihen, bauen die Landwirte leider nur einige wenige hochgezüchtete großflächig an. Alte Gemüsearten dagegen, wie Topinambur, Pastinaken oder Erdrüben, werden nur selten angeboten.
Beim Gemüse- und Obsteinkauf sollten Sie darauf achten, daß die Ware gerade Saison hat und nicht aus weit entfernten Ländern stammt. Nur dann können Sie sichergehen, daß alle Nähr- und Aromastoffe optimal ausgebildet und erhalten sind. Auch Kartoffeln zählen zum Gemüse und sind wertvolle Nahrungsmittel. Sie enthalten einige wichtige Vitamine und besonders viel Mineralstoffe. Kartoffeln und Hülsenfrüchte sollten nur gekocht verzehrt werden.

Nitrat

Ein Thema, das immer wieder in Zusammenhang mit dem Gemüseverzehr diskutiert wird, ist der Nitratgehalt. Einige Sorten neigen besonders dazu, Nitrat anzureichern (siehe Tabelle rechts). Der Gehalt ist jedoch auch vom Stickstoffanteil im Boden abhängig. Besonders im Winter, wenn sehr wenig Tageslicht vorhanden ist, steigen die Nitratwerte in den Pflanzen. Problematisch sind auch Gewächshauspflanzen, die ständig zu wenig Licht bekommen. Nitrat ist deshalb so problematisch, weil es von Mikroorganismen auf dem Gemüse oder im Verdauungstrakt zu Nitrit umgewandelt werden kann. Aus Nitrit können unter bestimmten Bedingungen krebserregende Nitrosamine entstehen.

So können Sie die Nitrataufnahme vermindern:
– Gemüse der Saison verwenden,
– Gemüse aus anerkannt ökologischer Landwirtschaft beziehen,
– auf Gewächshausware – insbesondere Blattsalate – im Winter verzichten,
– auf Abwechslung bei den Gemüsesorten achten, damit weniger nitratreiche und mehr nitratarme auf dem Speiseplan stehen,
– Gemüse aus dem eigenen Garten am besten nachmittags ernten, weil dann der Nitratgehalt am niedrigsten ist.

Schälen oder nicht schälen?

Viele Wirkstoffe, wie Vitamine, Mineral- und Ballaststoffe, befinden sich direkt unter der Schale, auf der jedoch Umweltschadstoffe und Pflanzenschutzmittel haften können. Es muß daher von Fall zu Fall entschieden werden, ob Gemüse oder Obst geschält werden soll oder nicht.
Wenn Sie Gemüse und Obst aus anerkannt ökologischer Landwirtschaft kaufen, können Sie zumindest Rückstände von Pflanzenschutzmitteln umgehen. Waren mit glatter Oberfläche sollten Sie vor dem Verzehr trocken abreiben und dann ebenso wie alle anderen Obst- und Gemüsesorten unter fließendem Wasser mit einer Gemüsebürste säubern. So kann ein Teil der Schadstoffe entfernt werden. Bei Gemüse und Obst aus konventionellem Anbau empfiehlt es sich, beides dünn zu schälen.

Nitrat in Gemüse

Hoher Nitratgehalt ca. 1000–4000 mg/kg	Mittlerer Nitratgehalt ca. 500–1000 mg/kg	Niedriger Nitratgehalt unter 500 mg/kg
Feldsalat	Chinakohl	Auberginen
Fenchel	Grünkohl	Bohnen
Kohlrabi	Sellerie	Brokkoli
Kopfsalat	Möhren	Chicorée
Mangold	Blumenkohl	Erbsen
Radieschen	Kartoffeln	Gurken
Rettich	Wirsing	Paprika
Rhabarber	Zucchini	Lauch
Rote Bete	Weißkohl	Rosenkohl
Spinat		Rotkohl
Endivie		Schwarzwurzeln
		Spargel
		Tomaten
		Zwiebeln

aus: Hallen, A. von: Saisongerechte Ernährung – auch im Winter ausgewogen und vielseitig. In: UGB-Forum 1, S. 8-9, 1991

Nüsse, Samen und Keimlinge

Viele vegetarische Vollwertgerichte lassen sich mit Nüssen, Samen und Keimlingen aufwerten, denn diese sind reich an wichtigen Inhaltsstoffen wie ungesättigten Fettsäuren, Mineral- und Ballaststoffen sowie sekundären Pflanzenstoffen.
Nüsse passen vor allem zu Müslis, Salaten und Gebäck. Da sie reichlich Fett enthalten, sollten sie jedoch nur in kleinen Mengen gegessen werden. Zu bevorzugen sind heimische Sorten. Zahlreiche Saaten wie Sonnenblumenkerne, Sesam oder Leinsamen geben herzhaften wie süßen Gerichten eine interessante Note. Besonders würzig sind diese Saaten, wenn sie leicht angeröstet werden.
Viele Samen wie Kresse, Alfalfa, Senf, Radieschen, aber auch alle Getreide- und Hülsenfruchtarten können Sie keimen lassen. Keimlinge bringen besonders im Winter, wenn es weniger frisches Gemüse gibt, viele Vitamine und Mineralstoffe auf den Tisch. Unter geringem Aufwand wachsen die kleinen Pflänzchen wie von selbst. Keimlinge schmecken gut in Salaten, Suppen und Gemüsegerichten oder einfach nur als Brotbelag. Die Keimlinge von Hül-

senfrüchten sollten Sie vor dem Verzehr blanchieren oder bei warmen Gerichten etwa 5 Minuten mitgaren, so werden schädliche Inhaltsstoffe zerstört.

Tips für Sprossenzucht:
1. Füllen Sie 2 bis 3 Eßlöffel Saatgut in ein Einmachglas, und gießen Sie mit der etwa dreifachen Menge an Wasser an.
2. Lassen Sie die Samen 4 bis 16 Stunden – je nach Sorte – quellen, und gießen Sie das Einweichwasser dann ab.
3. Stellen Sie die noch tropfnassen Samen an einen warmen, hellen Platz.
4. Spülen Sie die eingeweichten Samen zweimal am Tag mit kaltem Wasser ab, und lassen Sie die Keimlinge anschließend in einem Sieb leicht abtropfen.
5. Wenn die Keimlinge die gewünschte Größe erreicht haben, dies dauert zwei bis sechs Tage, sollten sie verbraucht werden. Sie lassen sich zwei bis drei Tage im Kühlschrank aufbewahren, müssen aber weiterhin regelmäßig abgespült werden.

Milch und Milchprodukte

Milch, ebenso wie Milchprodukte – wichtige Bestandteile auch der vegetarischen Variante der Vollwert-Ernährung – sind gute Quellen für Kalzium, Eiweiß und fettlösliche Vitamine. Greifen Sie immer zu Vollfettprodukten, da nur diese die Vitamine in ursprünglicher Menge enthalten. Aus hygienischen Gründen wird Milch üblicherweise erhitzt. Eine Ausnahme bildet die Vorzugsmilch, weil die Bauernhöfe, die sie abgeben, einer strengen Kontrolle unterliegen. Die schonendste Art der Erhitzung ist das Pasteurisieren, bei dem der Milchgeschmack einigermaßen erhalten bleibt. Vorzugsmilch und pasteurisierte Milch sind, im Gegensatz zu H-Milch und Sterilmilch, die sehr hoch erhitzt werden, zu empfehlen. Aufgrund ihres hohen Gehalts an energieliefernden Nährstoffen, wie Eiweiß, Fett und Kohlenhydrate sowie Cholesterin, sollten Sie mit Milch nicht Ihren Durst löschen. Milch ist Ausgangsprodukt für zahlreiche Erzeugnisse wie Joghurt, Quark und Käse. Käse enthält meist größere Mengen an Salz und ist häufig sehr fett, daher sollten Sie ihn nur sparsam verwenden. Gesäuerte Milchprodukte wie Joghurt, Dickmilch oder Kefir sind hingegen sehr empfehlenswert. Vermeiden Sie aber gesüßte Milchprodukte wie Fruchtjoghurt oder Kakaogetränke.

Fleisch, Wurst und Fisch

Obwohl sie wichtige Nährstoffe enthalten, bringen Fleisch und Wurst auch unerwünschte Inhaltsstoffe, wie Fett, gesättigte Fettsäuren, Cholesterin und Purine mit sich. Wurstwaren sind zusätzlich mit Salz, Nitritpökelsalz und Phosphaten belastet. Fleisch kann von Nichtvegetariern ein- bis zweimal in der Woche verzehrt werden. Achten Sie auf Produkte aus ökologischer Tierhaltung. Fisch ist ein wichtiges Lebensmittel, das uns mit Jod und Selen versorgt. Darüber hinaus sind Seefische reich an ungesättigten Fettsäuren die bei Nichtvegetariern auf dem Speiseplan stehen sollten.

Eier

Eier sind wertvolle Lebensmittel, die aber neben wichtigen Wirkstoffen viel Cholesterin und Fett enthalten. Da sie meist mit Fett oder Salz zubereitet werden, sollten Sie den Verzehr auf ein bis drei Eier pro Woche beschränken. Kaufen Sie Eier von Hühnern, die Auslauf haben.

Fette und Öle

Der Verzehr von zuviel Fett ist bekanntlich schädlich, aber ganz können wir trotzdem nicht auf Fett verzichten. Fetthaltige Lebensmittel liefern lebens- und zufuhrnotwendige Fettsäuren und fettlösliche Vitamine. Da wir aber unsere Fettzufuhr insgesamt reduzieren sollen, ist es wichtig, daß wir auf besonders hochwertige Fette achten. Besonders wertvoll sind kaltgepreßte pflanzliche Öle, das die in den Samen und Früchten vorkommenden Vitamine und Geschmacksstoffe noch enthält. Üblicherweise wird Öl durch ein aufwendiges technisches Verfahren gewonnen, bei dem chemische Lösungsmittel das Fett aus der Frucht herauslösen. Anschließend wird es raffiniert, das heißt von Schmutzstoffen und zugegebenen Hilfsstoffen gereinigt. Diese Öle sind in einer vollwertigen Ernährung nicht zu empfehlen.

Pflanzliche Öle können Sie für Salatsaucen oder zum milden Braten und Schmoren verwenden. Zahlreiche Ölsorten stehen hierzu zur Verfügung wie Öle aus Sonnenblumenkernen, aus Maiskeimen, Sesamsaat oder Oliven. Im Gegensatz zum raffinierten, relativ geschmacksneutralen Öl hat jedes kaltgepreßte Öl einen ausgeprägten, charakteristischen Geschmack. Testen Sie, welches Ihnen am besten schmeckt und wechseln Sie die Sorten ab und zu, denn jede besitzt ihre Vorteile. Wie bei allen Fetten sollte jedoch auch bei Ölen die Devise gelten: sparsam verwenden.

Das gleiche trifft für Butter zu, die in der Cholesterindiskussion häufig angeprangert wird. Wenn Sie aber Ihren Eierverbrauch reduzieren und gleichzeitig viel Obst und Gemüse essen, brauchen Sie sich um Ihren Cholesterinspiegel in der Regel keine Sorgen zu machen. Sollten Sie Margarine vorziehen, empfehlen wir ungehärtete Pflanzenmargarinen. Bei diesen entfällt ein sonst üblicher problematischer Verarbeitungsschritt, der flüssiges Öl zu hartem Fett macht. Zum Braten ist Butter ungeeignet, weil sie zuviel Wasser enthält und schnell verbrennt. Wollen Sie etwas sehr heiß anbraten, eignet sich dazu am besten Öl.

Kräuter und Gewürze

Wir Deutschen sind im Gegensatz zu einigen anderen Nationen in der Wahl unserer Gewürze recht einseitig. Der Spruch „Pfeffer und Salz, Gott erhalt's" kommt nicht von ungefähr, denn dies sind die Würzmittel, die in bundesdeutschen Küchen am häufigsten und in großen Mengen verwendet werden, eine Gewohnheit, die weder der Kochkunst schmeichelt noch unserer Gesundheit gut tut! Verwenden Sie daher Salz nur sehr sparsam!

Unser Gaumen gewöhnt sich relativ schnell daran, auch wenig gesalzene Speisen als sehr schmackhaft zu empfinden. Zudem bietet die Gewürzpalette viele Alternativen. Paprika, Curry, Muskat und Kümmel, aber auch exotische Sorten wie Koriander, Kardamom, Kreuzkümmel oder Kurkuma lassen sich vielseitig kombinieren. Mit ein bißchen Übung und Experimentierfreudigkeit lernen Sie schnell, was zu welchem Gericht paßt. Denken Sie beim Abschmecken daran, daß viele Gewürze ihr Aroma erst nach einigen Minuten entfalten, deshalb: vor dem Abschmecken und Nachwürzen einige Zeit warten.

Besonders schmackhaft und gesund sind frische und getrocknete Kräuter. In den kleinen grünen Blättern verbergen sich oft wertvolle Stoffe wie Vitamine, Mineralstoffe und sekundäre Pflanzenstoffe mit vielfältigen Wirkungen. Sie können appetitanregend, entkrampfend und verdauungsfördernd sein. Besonders wertvoll sind frische Kräuter, da sie noch alle natürlichen Inhaltsstoffe enthalten; Sie sollten sie deshalb nicht längere Zeit erhitzen, sonst werden diese Stoffe zerstört. Am besten ist es, wenn die gehackten oder kleingeschnittenen Blätter und Stengel dem Gericht erst nach dem Kochen hinzugefügt werden. Getrocknete Kräuter dagegen brauchen einige Zeit, um ihren Geschmack zu entfalten, und können daher mitgaren. Salz verzögert übrigens bei einigen Lebensmitteln, zum Beispiel bei Getreide und Hülsenfrüchten, das Garwerden. Speisen mit diesen Zutaten sollten Sie erst nach dem Kochen salzen.

Kräuter von der Fensterbank

Frische Kräuter haben Sie immer zur Hand, wenn Sie sie selbst zu Hause wachsen lassen. Wer keinen Garten oder Balkon hat, kann Kräuter auch auf der Fensterbank ziehen. Dort gedeihen sie zwar nicht ganz so gut wie im Freien, sie liefern aber dennoch für einen kleinen Haushalt genug und bereichern viele Gerichte.

Folgendes müssen Sie bei Ihrem Kräutergarten im Haus beachten:
– Suchen Sie einen geeigneten Standort aus, am günstigsten ist ein Ost- oder Westfenster, das am Tag 4 bis 5 Stunden Sonne bekommt.
– Die ideale Wachstumstemperatur für Kräuter liegt bei etwa 20 °C.
– Besonders gut für die Kräuterzucht geeignet sind: Basilikum, Kerbel, Kresse, Melisse, Petersilie, Pimpernelle, Thymian und Schnittlauch.
– Am einfachsten ist es, wenn Sie kleine Pflanzen kaufen und diese in mit Blumenerde gefüllte Blumentöpfe oder -kästen – möglichst aus Ton – pflanzen. Sie können aber auch fertiges Saatgut in die feuchte Erde einsäen.

– Gießen Sie die Pflanzen regelmäßig, im Sommer etwa zweimal am Tag. Achten Sie aber auch darauf, daß sie nicht im Wasser stehen. Staunässe ist tödlich für viele Kräuter.
– Gönnen Sie den Pflanzen ab und zu etwas Frischluft und Sonne. Öffnen Sie regelmäßig das Fenster, oder stellen Sie Ihre Töpfe bei warmem Wetter nach draußen auf die Fensterbank.
– Ernten Sie nicht zuviel auf einmal. Schneiden Sie Schnittlauch und Dill dicht über dem Boden ab, bei allen anderen Kräutern pflücken Sie an verschiedenen Stellen einige Blätter ab. Nehmen Sie jedoch niemals alle Blätter, die Pflanze verliert sonst zuviel Kraft und geht ein.

Getränke

Zum Durstlöschen ist Mineralwasser am besten geeignet. Ob mit viel, wenig oder gar keiner Kohlensäure, dieses Getränk gibt unserem Körper genau das, was er braucht: Flüssigkeit. Darüber hinaus liefert es noch wichtige Mineralstoffe. Achtgeben sollten Sie allerdings auf den Natriumgehalt. Von dem mit Na^+ gekennzeichneten Mineral sollten möglichst nicht mehr als 150 Milligramm in einem Liter Wasser enthalten sein (150 mg/l). Ebenfalls gut zum Durstlöschen geeignet sind Kräuter- und Früchtetees sowie verdünnte Fruchtsäfte. Trinken Sie reichlich. Ihr Körper braucht etwa 2 Liter Flüssigkeit am Tag, jedoch kann sich der Bedarf abhängig vom Wassergehalt der Nahrung, von der körperlichen Betätigung, vom Klima und von vielen anderen Faktoren erheblich ändern.
Bohnenkaffee, schwarzer Tee oder alkoholische Getränke sollten aufgrund ihrer ungünstigen Wirkungen nicht in großen Mengen getrunken werden. Besonders Alkohol kann, regelmäßig konsumiert, zu Schäden an Leber und Nieren führen.
Noch ein Hinweis zu koffeinhaltigen Erfrischungsgetränken, Limonaden und Fruchtsaftgetränken. Sie sind zum Durstlöschen völlig ungeeignet. Ihr hoher Zuckergehalt schädigt die Zähne und macht erst recht durstig. Außerdem werden auf diese Weise unerwünschte Kalorien aufgenommen.

HAUSHALTSFÜHRUNG LEICHT GEMACHT

Der richtige Einkauf

Bei Vollwert-Ernährung oder vegetarischer Ernährung denken viele Menschen an eine aufwendige Haushaltsführung mit häufigen und langen Einkaufswegen sowie langen Vorbereitungs- und Garzeiten. Oft befürchten sie, daß gemäß dem Motto „so frisch wie möglich" die Zutaten täglich neu eingekauft und verarbeitet werden müßten. Eine unangenehme Vorstellung, besonders für Berufstätige, die meist erst abends in die dann überfüllten Geschäfte gehen können. Doch weit gefehlt: Auch mit der Vollwert-Ernährung kann die Einkaufszeit auf ein Minimum reduziert werden, denn viele Produkte sind lagerfähig.

Außerdem werden nur wenige Grundnahrungsmittel benötigt, und ein erheblicher Teil davon läßt sich über längere Zeit hinweg lagern. Ein regelmäßiger Großeinkauf, zum Beispiel einmal im Monat, reicht aus, um sich mit Grundvorräten zu versorgen. Scheuen Sie sich nicht, auch einmal größere Mengen einzukaufen, wenn Sie genügend Lagerplatz haben. Größere Einheiten sind meist billiger und ersparen häufige Einkaufsgänge oder -fahrten. Getreide kann zum Beispiel in großen Mengen direkt beim Bauern besorgt werden, denn der Vorrat hält bis zu einem Jahr. Etwa ein- bis zweimal wöchentlich müssen Sie leichter Verderbliches wie Milch, Milchprodukte, Gemüse, Obst, Brot und Käse einkaufen.

Die wenigsten Gedanken an den Einkauf brauchen Sie zu verschwenden, wenn Sie in der Küche einen Block liegen haben. Auf dem können Sie gerade verbrauchte oder zusätzlich benötigte Lebensmittel notieren und die Liste einfach zum Einkaufen mitnehmen. So müssen Sie sich nicht vor jedem Einkauf oder im Geschäft den Kopf zerbrechen, was Ihnen fehlt.

Sollte Ihnen einmal eine Zutat ausgegangen sein, so ist das auch kein Problem, denn meist läßt sie sich durch andere ersetzen. Viele Gemüsearten und Getreide können Sie problemlos gegen andere austauschen. Statt Hirse und Reis lassen sich ebensogut Quinoa, Amaranth, Weizen, Gerste, Buchweizen, Grünkern oder Roggen verwenden. Achten Sie jedoch auf die unterschiedlichen Wassermengen und Garzeiten der einzelnen Getreidearten.

Auch bei der Wahl eines Milchproduktes müssen Sie sich nicht streng nach der Rezeptangabe richten. Joghurt läßt sich genauso wie Kefir oder Buttermilch verwenden, und statt saurer Sahne tut's auch Quark oder Dickmilch. Mit etwas Erfahrung werden Sie bald lernen, was Sie austauschen können.

Bioladen oder Supermarkt?

Alle Zutaten, die in den Rezepten stehen, sind im Naturkosthandel oder im Reformhaus erhältlich. Die Produkte kosten dort zwar meist etwas mehr, dafür können Sie in der Regel aber sicher sein, daß die Erzeugnisse aus anerkannt ökologischem Landbau stammen. Wenn der Laden Mitglied im „Bundesverband Naturkost Naturwaren" (BNN) ist, unterliegt er zusätzlich einer besonderen Kontrolle.

Viele vollwertige Zutaten sind heute auch im Supermarkt erhältlich. In sogenannten „Bio"-Ecken werden Getreide und Vollkornprodukte angeboten. Leider sind dies häufig keine echten Biowaren, auch wenn es die Bezeichnung verspricht. Gemüse und Obst aus anerkannt ökologischem Landbau ist im Supermarkt selten zu finden, dafür allzu häufig Treibhausware oder solche, die lange Transportwege hinter sich hat. Bevorzugen Sie heimische, saisonale Gemüse- und Obstarten, die Sie auch auf dem Wochenmarkt oder direkt beim Erzeuger kaufen können.

Wenn Sie wenig Zeit für den Lebensmitteleinkauf opfern wollen, sollten Sie nicht in zu vielen verschiedenen Geschäften einkaufen. Suchen Sie sich ein Reformhaus oder einen gut sortierten Naturkostladen oder Supermarkt aus, in dem Sie alles erhalten, was Sie für das tägliche Leben benötigen.

Kleine Haushalte – kleine Mengen

Ein- bis Zweipersonenhaushalte benötigen von einigen Lebensmitteln nur geringe Mengen. Viele Produkte werden jedoch in großen Packungen angeboten. Soweit es sich um lagerfähige Erzeugnisse wie Getreide, Hülsenfrüchte oder Teigwaren handelt, stellen große Verpackungseinheiten kein Problem dar. Verderbliches wie Milch, Milchprodukte, Gemüse und Obst sollte nur in kleinen Mengen gekauft werden. Bevorzugen Sie Geschäfte, in denen die Waren lose angeboten werden. Gerade bei Gemüse und Obst besteht an den Selbstwiegetheken der Supermärkte oder auf Wochenmärkten die Möglichkeit, nur so viel zu nehmen, wie Sie benötigen. In vielen kleinen Geschäften, Reformhäusern und Naturkostläden werden zum Beispiel auch Brot und Butter auf Nachfrage halbiert. Scheuen Sie sich nicht, von manchem nur ganz kleine Mengen zu kaufen, an der Käsetheke nur zwei Scheiben von einer Sorte zu verlangen oder am Obststand nur wenige Stücke einzupacken. Nur so können Sie auch im kleinen Haushalt eine abwechslungsreiche und vielfältige Ernährung auf den Tisch bringen.

Ihr Einkaufsplan:
– <u>mehrmals wöchentlich</u>:
Milch, empfindliche Obst- und Gemüsearten wie Beerenfrüchte und Blattsalate
– <u>einmal wöchentlich</u>:
Milchprodukte wie Quark, Joghurt, Sahne und Käse, Butter, Obst, Gemüse, Vollkornbrot, Eier
– <u>einmal monatlich oder noch seltener</u>:
Getreide, Teigwaren, Hülsenfrüchte, Gewürze, Öl, Honig, Vollrohrzucker, Mineralwasser, Säfte, Tee, Kaffee

Vorratshaltung

Wenn Sie immer etwas zu essen im Haus haben wollen und nur ungern einkaufen, sollten Sie sich ein größeres Vorratslager anlegen. Auch für kleine Haushalte ist dies lohnend. In einer kleinen Wohnung – ohne Keller oder Dachboden – sind die Möglichkeiten allerdings recht eingeschränkt. Mit gutem Willen und etwas Erfindungsgeist lassen sich jedoch auch hier geeignete Lagerplätze einrichten.

Getreide, Getreideprodukte und Hülsenfrüchte

Körner, Getreideprodukte und Hülsenfrüchte lieben es kühl und trocken. Vorteilhaft sind Temperaturen unter 15 °C. In der Küche sollten daher nur kleine Mengen für den wöchentlichen Gebrauch aufbewahrt werden. Für einen größeren Vorrat an Getreide, Hülsenfrüchten, Nudeln oder Haferflocken ist ein kühler, trockener Platz auf dem Dachboden oder im kalten Keller günstiger. Ist ein solcher Raum nicht vorhanden, kann eventuell ein kühler Flur oder auch der Fahrradschuppen diesen Zweck erfüllen. Getreide möchte atmen. Für eine längere Lagerung sind daher fest verschlossene Gefäße ungeeignet. Ideal sind verstärkte Papiertüten oder Leinensäcke. Wichtig ist, daß von allen Seiten genügend Luft an die Behältnisse kommt. Da Getreidekörner und getrocknete Hülsenfrüchte durch ihre Schale geschützt sind, ist es möglich, sie ein ganzes Jahr lang aufzubewahren, bei trockener Lagerung sogar noch länger, ohne daß sie verderben. Getreideprodukte wie Nudeln, Flocken und Grieß halten sich etwa ein halbes Jahr. Zerkleinertes Getreide sollten Sie am besten sofort und ganz frisch verwenden, da nur dann noch alle Vitamine und Aromastoffe darin enthalten sind. Vollkornmehl und -schrot läßt sich jedoch bis zu sechs Wochen in verschlossenen Gefäßen aufbewahren. Lediglich Hafermehl kann bei längerem Liegen einen bitteren und ranzigen Geschmack bekommen.
Brot, Brötchen und trockene Kuchen aus Vollkornmehl sind am besten in Brotdosen aus Ton oder Steingut aufgehoben; sie bleiben so mehrere Tage lang frisch. Ein Sauerteigbrot läßt sich sogar bis zu einem Monat aufbewahren. Es ist daher gerade für Einpersonenhaushalte geeignet, in denen

24   **Haushaltsführung leicht gemacht**

keine großen Mengen an Brot verzehrt werden. Um Schimmelbefall zu verhindern, sollten Sie die Gefäße oder Ihr Brotfach regelmäßig mit Essigwasser auswaschen. Brot und Kuchen, aber auch Teige, können übrigens auch eingefroren werden.

Gemüse und Obst

Gemüse und Obst lieben eine kühle und etwas feuchte Umgebung sowie regelmäßige Luftzufuhr. Für eine Aufbewahrungszeit von wenigen Tagen bis zu zwei Wochen ist das Gemüsefach im Kühlschrank ausreichend. Allerdings sollte die Ware nicht in Plastik verpackt sein, da sie sonst leicht faulen kann. Eine Ausnahme bilden hier die Kräuter, die sich in einer Tiefkühltüte im Gemüsefach problemlos ein paar Tage frisch halten.

Wollen Sie größere Mengen einlagern – dies ist zum Beispiel bei Kartoffeln, Karotten oder Zwiebeln möglich – brauchen Sie eine kühl-feuchte Vorratskammer. Diese kann auch in einem Schuppen eingerichtet werden, oder sie lagern das Wintergemüse in einer sogenannten Erdmiete. Wenn Sie genügend Platz haben, sollten Sie Äpfel, Zitrusfrüchte und Birnen nicht zusammen mit Kartoffeln und Zwiebeln aufbewahren, denn diese Obstarten strömen ein Gas aus, das letztere schneller verderben läßt.

Fette und Öle

Feste Fette wie Butter, Margarine oder Kokosfett, aber auch Öle sollten kühl und dunkel aufbewahrt werden. Im Kühlschrank oder in einer kühlen Speisekammer herrschen geeignete Bedingungen. Kaltgepreßte Öle sind besonders empfindlich, bewahren Sie sie deshalb in einer geschlossenen lichtundurchlässigen Flasche auf. Angebrochene Ölflaschen sollten möglichst innerhalb von zwei Monaten verbraucht werden. Wenn Sie nur wenig Öl verwenden, kaufen Sie am besten kleine Flaschen, und achten Sie auf das angegebene Mindesthaltbarkeitsdatum.

Milch und Milchprodukte

Milch und Milchprodukte sind bei 4 bis 7° C im Kühlschrank am besten aufgehoben. In der Regel sind sie so lange haltbar, wie es das Mindesthaltbarkeitsdatum angibt. Sauermilchprodukte wie Joghurt, Quark und saure Sahne sind oft auch darüber hinaus zum Verzehr geeignet. Durch eine Geruchs- oder Geschmacksprobe läßt sich das leicht überprüfen.

Käse liebt es an sich nicht ganz so kühl – um die 10 °C wären ideal. Da es in den meisten Küchen allerdings viel wärmer ist, sollte auch Käse im Kühlschrank aufbewahrt werden. Liegen die Sorten dicht beieinander, so kann es schon mal vorkommen, daß der Kulturschimmel eines Camemberts oder eines Rotschmierkäses auf eine andere Käsesorte überwechselt. Ist der Schimmel farbig oder riechen Frisch- und Weichkäsesorten muffig, sollten sie weggeworfen werden. Bei verschimmeltem Hartkäse reicht es aus, die befallenen Stellen großzügig abzuschneiden.

Eier

Da Eier nur gelegentlich verzehrt werden sollten, ist eine größere Vorratshaltung nicht nötig. Sie sind in einer Pappschachtel oder einem Holzregal gut aufgehoben. Frische Eier halten sich vier bis sechs Wochen lang. Sie dürfen aber nicht gewaschen oder in Kühlschränken aufbewahrt werden, in denen sich Kondenswasser bildet. Die Feuchtigkeit zerstört die natürliche Schutzschicht der Eier.

Vorratshaltung 25

VOLLWERTIG VEGETARISCH KOCHEN – SCHNELL UND ENERGIESPAREND

Nach einem anstrengenden achtstündigen oder noch längerem Arbeitstag haben die wenigsten Menschen große Lust, sich Gedanken über Kochen und Essen zu machen. Besonders im kleinen Haushalt scheint sich der Aufwand für die Mahlzeitenzubereitung kaum zu lohnen. Der eilige und bequeme Esser bedient sich lieber fertig zubereiteter Tiefkühlmenüs oder Doseneintöpfen, die in die Mikrowelle oder in den Backofen geschoben werden und in Minutenschnelle verzehrbereit sind.

Doch so rasch, wie die Werbung verspricht geht es meist doch nicht und häufig muß das Gericht auch noch überbacken werden, um die gewünschte Bräune zu bekommen. Geübte Köche und Köchinnen, die einen gutorganisierten Haushalt führen, können in dieser Zeit neben einer würzigen Gemüsepfanne noch einen knackigen Frischkostsalat zubereiten. Zudem müssen sie nicht Aromastoffe, Geschmacksverstärker, Emulgatoren oder ähnliches in Kauf nehmen, sondern können ihre Mahlzeiten nach Lust und Laune gestalten.

Mit einer praktisch eingerichteten Küche, einer guten Planung und der richtigen Zeiteinteilung beim Zubereiten können Sie den Küchenstreß auf ein Minimum reduzieren oder gar in „Küchenspaß" ummünzen. Gleichzeitig läßt sich durch die richtige Wahl von Kochgeschirr und Garmethode auch Energie sparen.

Küchengeräte

Um vollwertig zu kochen, benötigen Sie nicht mehr Geräte als üblich. Gute Töpfe und Pfannen, Auflaufformen und Schüsseln gehören sowieso in jeden Haushalt. Darüber hinaus ist ein Kochtopf mit Dampfeinsatz ratsam. Da besonders viel Gemüse und Obst verarbeitet wird, ist es empfehlenswert, große Schneidbretter, einen Sparschäler und zwei bis drei scharfe Messer in unterschiedlicher Größe anzuschaffen. Bei Neukauf sollten Sie nicht an der falschen Stelle sparen. Die Investition für ein gutes, haltbares Messer lohnt sich auf jeden Fall. Achten Sie auf eine ausreichend dicke und stabile Klinge sowie auf einen gut in der Hand liegenden Griff. Ein solches Messer kann das Gemüseschnippeln erheblich erleichtern.

Häufig werden scharfe Reiben mit verschiedenen Einsätzen benötigt. Praktisch ist eine Vierkantreibe, die sich gut auf ein Brett oder direkt in die Schüssel stellen läßt. Mit einer solchen Reibe können Sie Gemüse und Obst grob, fein und musig reiben oder es in Scheiben schneiden.

Sind in Ihrem Haushalt mehr als zwei Personen zu versorgen, lohnt sich die Anschaffung einer elektrischen Reibe. Diese gibt es auch häufig als Aufsatz für eine Küchenmaschine oder eine Getreidemühle. Bei einer Neuanschaffung sollten Sie darauf achten, daß sich dieser Aufsatz einfach montieren und problemlos reinigen läßt. Umweltschonend und platzsparend ist es, wenn ein Gerät verschiedene Funktionen erfüllen kann, wie Nüsse und Gemüse raspeln sowie Teig rühren.

Ein weiteres wichtiges Gerät in der vegetarischen Vollwert-Küche ist die Getreidemühle. Sie können sich Ihr Getreide anfangs aber auch im Naturkostladen oder im Reformhaus mahlen oder schroten lassen. Bei regelmäßiger Verwendung von Vollkorn ist eine eigene elektrische Getreidemühle jedoch praktisch. Es gibt zwar auch handbetriebene Modelle, Mehl damit zu mahlen, ist oft jedoch sehr zeit- und kraftaufwendig. Getreidemühlen werden in verschiedenen Ausführungen und Größen angeboten. Am verbreitetsten sind Mühlen mit Steinmahlwerk, da sie Getreide sehr fein mahlen können. Stahl- und Keramikmahlwerke erzeugen gleichmäßiges Schrot und lassen sich auch für fettreiche Saaten wie Mohn, Sesam und Leinsamen verwenden. Am besten ist es, wenn Sie sich über das Angebot im Fachhandel erkundigen.

Es gibt noch eine Reihe weiterer Geräte, die hilfreich sind, aber nicht unbedingt benötigt werden. Zu ihnen zählen Geräte zum Keimen von Samen, eine Kochkiste für das Nachgaren von Getreidespeisen oder ein Schnellkochtopf (Dampfdrucktopf). Denken Sie bei jeder neuen Anschaffung aber daran, ob Sie in Ihrer Küche ausreichend Platz haben. Geräte, die in der hintersten Ecke des Küchenschrankes landen, werden erfahrungsgemäß auch selten benutzt, daher sollten häufig verwendete Geräte wie Getreidemühle oder Rohkostreibe frei zugänglich und jederzeit einsetzbar sein.

Selbstverständlich richtet sich die Entscheidung für oder gegen den Kauf eines Küchengerätes nach Ihren geschmacklichen Vorlieben. Für Nudelfans ist eine handgetriebene Nudelmaschine vielleicht unabdingbar, Eisliebhaber schaffen sich ein Sorbetière an. Auch eine elektrische Küchenmaschine oder ein Pürierstab kann bei vielen Zubereitungen hilfreich sein. Wer gerne backt, benötigt neben einigen Backformen Teigschaber, ein Nudelholz, Pinsel und ein elektrisches Handrührgerät.

Auch die richtige Einrichtung Ihrer Küche kann Ihnen helfen, Zeit zu sparen und die Küchenarbeit angenehmer zu gestalten. Ein häufiges Manko sind zu niedrige Arbeitsflächen. Quälende Rückenschmerzen durch das ständige Sich-nach-unten-beugen verderben vielen die Freude am Kochen. Versuchen Sie wenigstens einen Teil der Arbeitsfläche sowie die Spüle auf eine angenehme Höhe zu bringen, indem Sie Holzklötze oder Leisten unterlegen. Überflüssige Schritte lassen sich vermeiden, wenn Kochgeräte und Zutaten griffbereit untergebracht werden. So sollten sich Gewürze und Kochlöffel in der Nähe des Herdes befinden. Ein übersichtliches und gut beschriftetes Gewürzregal erspart zudem umständliches Suchen.

Gut geplant ist halb gekocht

Wenn Sie in der täglichen Küchenarbeit noch nicht so geübt und sicher sind, ist es sinnvoll, nicht unüberlegt loszulegen, denn schon wenige Minuten der Planung machen sich schnell bezahlt.

Als erstes sollten Sie sich vergewissern, ob die angegebenen Zutaten vorrätig sind, und wenn nicht, entscheiden, wodurch möglicherweise Fehlendes ersetzt werden kann. Danach sollten Sie sich die Reihenfolge der Zubereitungsschritte überlegen. Lebensmittel, die mehr Zeit benötigen, bis sie gar sind – wie Hülsenfrüchte, Getreide oder Kartoffeln –, werden als erstes aufgesetzt. Schneller geht es, wenn Sie Hülsenfrüchte und ganze Getreidekörner vorher einweichen. Gemüse, Käse und ähnliches sollten bereits fertig geputzt und zerkleinert sein, wenn Sie mit dem Kochen beginnen. Für Berufstätige empfiehlt es sich, das Getreide morgens aufzukochen und dann den Tag über auf der ausgeschalteten Kochplatte quellen zu lassen.

Werden verschiedene Gemüsearten gemeinsam zubereitet, müssen Sie die unterschiedlichen Garzeiten beachten. Rote Bete, Karotten, Rosenkohl und Blumenkohl brauchen länger als Lauch, Zucchini, Erbsen oder Tomaten. Ganz flotte Küchenmeister und -meisterinnen waschen zwischendurch die benutzten Gerätschaften ab, damit sich nach dem Kochen das Geschirr nicht zu sehr stapelt.

Garmethoden

In der vegetarischen Vollwert-Ernährung entfällt ein Teil der Kochzeit bereits dadurch, daß vieles als Frischkost verzehrt wird. Mindestens einmal am Tag sollten Sie eine große Salatportion vor der warmen Hauptmahlzeit zu sich nehmen. Manchmal reicht eine große Salatplatte auch als alleiniges Gericht aus. Frisches Obst bietet sich als Nachtisch oder für zwischendurch an und ist ebenfalls schnell serviert.

Beim Erhitzen von Lebensmitteln ist besonders darauf zu achten, daß Vitamine und Mineralstoffe geschont und möglichst wenig Energie verbraucht wird. Unter diesen Gesichtspunkten sind mehrere Kochmethoden geeignet.

Je kürzer die Garzeit, desto schneller ist die Speise zubereitet und desto weniger Vitamine werden zerstört. Gemüse sollte daher nicht butterweich, sondern bißfest gekocht werden.

Dämpfen

Dies ist eine sehr schonende Art der Zubereitung. Das kleingeschnittene Gemüse gart in einem passenden Siebeinsatz im Wasserdampf.

Dünsten

Gemüse wird schnell und schonend gar, wenn Sie es im eigenen Saft oder in wenig Wasser, eventuell unter Zugabe von etwas Fett, dünsten. Bei wasserreichen Gemüsearten wie Zucchini, Spinat oder Tomaten genügt es, wenn Sie das Gemüse tropfnaß in den kalten Topf geben und den Deckel schließen. So vermeiden Sie, daß wasserlösliche Inhaltsstoffe im Kochwasser verlorengehen. Wenden Sie das Gemüse öfters, damit es gleichmäßig gart.

Braten

Braten ist eine sehr schnelle Methode, um Gemüse schmackhaft zu garen. In guten Pfannen oder in einem Wok mit gleichmäßiger Wärmeleitung läßt sich dabei die Fettzugabe auf ein Minimum reduzieren. Den Topfinhalt während des Bratens öfter schwenken oder umrühren. Geben Sie nach wenigen Minuten einen Deckel auf die Pfanne, dann kann die Speise im eigenen Saft garen. Falls das Gericht anzubrennen droht, sollten Sie etwas Wasser hinzufügen.

Garen im Dampfdrucktopf

Eine besonders schnelle Garmethode ist das Kochen im Dampfdruck- oder Schnellkochtopf. In dem mit einem Spezialdeckel dicht verschlossenen Topf bilden sich unter Druck Temperaturen bis zu 120 °C. Dadurch garen die Lebensmittel rascher. Diese Garmethode eignet sich besonders für Kartoffeln, Getreide und Hülsenfrüchte. Moderne Dampfdrucktöpfe sind mit einem Schonprogramm für Gemüse ausgestattet. Für kleine Haushalte gibt es auch entsprechend kleine Töpfe. Hitze- und druckempfindliche Vitamine können allerdings im Schnellkochtopf mehr geschädigt werden als zum Beispiel beim Dünsten.

Die schnelle Welle

Bei Einpersonenhaushalten und Berufstätigen stehen Mikrowellengeräte hoch im Kurs. Tatsächlich sind sie zum Auftauen, Aufwärmen und Garen kleiner Portionen ideal. Wird jedoch für mehr als zwei Personen gekocht, ist die normale Herdplatte der schnellen Welle an Zeit- und Energieersparnis häufig überlegen.

Mikrowellenherde werden erfahrungsgemäß vorwiegend zur Zubereitung von Fertiggerichten verwendet. Für eine vollwertige Ernährung ist die Mikrowelle jedoch überflüssig, denn Frischkost, große Gemü-

seportionen und Getreidegerichte lassen sich besser mit herkömmlichen Methoden zubereiten. So gehen Sie auch dem Risiko möglicher gesundheitlicher Beeinträchtigungen aus dem Weg, die immer noch in der Diskussion sind.

So können Sie Vitamine schonen:
– Obst und Gemüse erst kurz vor dem Garen zerkleinern.
– Obst und Gemüse gründlich, aber nur kurz waschen, nicht wässern.
– Obst und Gemüse erst nach dem Waschen zerkleinern.
– Gemüse mit wenig Wasser kochen. Bei einem gutschließenden Topf reicht es aus, wenn der Boden gerade mit Wasser bedeckt ist.
– Kochwasser möglichst für Saucen oder Suppen verwenden, da es Vitamine und Mineralstoffe enthält.
– Gemüse im geschlossenen Topf garen.
– Abkühlen lassen und wieder aufwärmen ist günstiger als längeres Warmhalten.

So läßt sich beim Kochen Energie einsparen:
– Kochtopf und Herdplatte sollten den gleichen Durchmesser haben, die Töpfe sauber und trocken sein.
– Mit wenig Flüssigkeit und im geschlossenen Topf garen, Deckel möglichst selten abnehmen.
– Bei Elektroherden die Kochplatte fünf bis zehn Minuten vor Ende der Garzeit ausschalten. Die Nachwärme reicht zum Fertiggaren aus.

Kochen von Getreide und Hülsenfrüchten

Getreide/Hülsenfrüchte	Verhältnis Getreide-/Hülsenfrüchtemenge: Flüssigkeitsmenge	Garzeit in Minuten (ohne vorheriges Einweichen)
Amaranth	1:2 – 2,5	20-30
Buchweizen	1:1,5 – 2	10-20
Dinkel	1:2 – 2,5	60-80
Gerste	1:2 – 2,5	60-80
Grünkern	1:2 – 2,5	30-40
Hafer	1:1,5 – 2	60-80
Hirse	1:2 – 2,5	20-30
Maisgrieß	1:3 – 4	10-15
Quinoa	1:2 – 2,5	20-30
Reis	1:2 – 2,5	30-40
Roggen	1:2,5	60-80
Weizen	1:2,5	60-80
Hülsenfrüchte		
Bohnen	1:3 – 3,5	50-60
Erbsen	1:3 – 3,5	45-90
Kichererbsen	1:3,5 – 4	60-120
Linsen	1:2,5 – 3	30

Es geht auch mit Gemütlichkeit

Muß bei Ihnen auch alles schnell gehen? Essen Sie am liebsten Gerichte, die in wenigen Minuten fertig zuzubereiten sind? Gönnen Sie sich doch ab und zu etwas Zeit – auch zum Kochen. Trauen Sie sich, in aller Ruhe einen gemütlichen Kochabend zu verbringen. Mit schöner Musik im Hintergrund und einem guten Saft oder Aperitif kann Kochen – ebenso wie Essen – zu einem sinnlichen Erlebnis werden, bei dem sich Ihre Kreativität und Phantasie voll entfalten kann. Auch ein schön gedeckter Tisch hebt die Stimmung. Und dies nicht nur, wenn Sie Gäste erwarten. Verwöhnen Sie sich mit einem hübschen Arrangement, selbst wenn Sie allein sind.

HINWEISE ZU DEN REZEPTEN

"...eins, zwei, drei, im Sauseschritt läuft die Zeit – wir laufen mit..." (W. Busch)
Diese Aussage gilt heute mehr denn je. Wer traut sich da noch an eine vollwertige vegetarische Ernährung heran? Assoziiert doch nahezu jeder damit einen hohen Arbeitsaufwand. Viele winken ab. Keine Zeit!
Doch trifft dieses Vorurteil wirklich zu? Gewiß, eine bedarfsgerechte Ernährung ist nicht immer leicht durchzuführen. Aber es gibt sie, die schnellen sowie einfachen Gerichte, die Ihren Körper vitalisieren, gesund erhalten und gleichzeitig dem Gaumen Freude bereiten. Wir haben sie für Sie aufgeschrieben: Praktikable Rezepte die ohne viel Aufwand **für 2 Personen** machbar sind. Denn auch Koch-Profis benötigen solche Rezepte!
Die **Mengen** können jedoch in den meisten Fällen für Familien vergrößert oder für Singleköche verkleinert werden. Beachten Sie dazu auch die Tips im Rezeptteil.
Um Ihnen einen zusätzlichen Anhaltspunkt beim Umrechnen der Zutatenmengen zu geben, sind hier die durchschnittlichen Portionsgrößen zusammengestellt.

Blattsalate 30 – 50 g
Frischkostsalate 150 – 200 g
Gekochtes Gemüse 200 – 300 g
Obst 150 – 200 g
Kartoffeln 150 – 200 g
Getreide (Rohware) 50 – 70 g
Hülsenfrüchte (Rohware) 50 – 70 g
Teigwaren (Rohware) 100 g
Sauce 100 – 200 g
Suppe 250 ml

Die **Kalorienangaben** beziehen sich auf eine Portion. Bei der Berechnung von Quark gehen wir von Magerquark aus.
Die **Mengen in den Zutatenlisten** gehen von ungeputzter Rohware aus. Angaben wie Eßlöffel oder Teelöffel sind gestrichene Maße.
Die Rezepte sind so konzipiert, daß Sie für die Zubereitung nur wenig Zeit aufwenden müssen. Trotz allem ist eine gute Planung unerläßlich, lesen Sie deshalb die Anmerkungen beim jeweiligen Rezept. Hier finden Sie auch Hinweise, wie das Gericht an den Arbeitsplatz mitgenommen werden kann.

Die **Zubereitungszeiten** umfassen die Zeit der Vorbereitung und des Garens. Nur bei einzelnen Rezepten gibt es zusätzliche Vorbereitungszeiten, wie die Zeit für Keimen oder Quellen und die Gehzeit, die aber extra erwähnt werden. So sehen Sie auf einen Blick, daß Sie hier mehr Zeit einplanen müssen.
Betrachten Sie die Mengen und die Auswahl an Kräutern in den Rezepten mehr als Empfehlung. Sie können beliebig variieren, lediglich mit Salz sollten Sie sparsam umgehen. Bevor Sie die Kräuter für das Rezept verwenden, waschen Sie sie kurz im kalten Wasser ab und tupfen sie mit einem Küchentuch trocken.
In den Rezepten werden auch **Keimlinge** verwendet. Wie Sie diese selbst ziehen können, erfahren Sie auf der Seite 20.
Gelegentlich wird pro Rezept von manchem nur sehr wenig benötigt. Deshalb finden Sie Tips, wie Sie restliche Zutaten sinnvoll aufbrauchen können.

Erklärung der Abkürzungen:
ca. = zirka
EL = Eßlöffel
g = Gramm (1 g = 1000 mg)
kg = Kilogramm (1 kg = 1000 g)
l = Liter (1 l = 1000 ml)
mg = Milligramm
Min. = Minuten
ml = Milliliter
Msp. = Messerspitze
Std. = Stunde
TK = Tiefkühl
TL = Teelöffel
kcal = Kilokalorien (1 kcal = 4,184 Kilojoule)

Einige Lebensmittel sollten Sie immer im Haus haben. Wir empfehlen:

Getreide und Getreideprodukte
1 kg Dinkel
1 kg Hartweizen
500 g Hirse
500 g Buchweizen
500 g Grünkern
500 g Rundkorn-Vollreis
500 g Hartweizengrieß (Couscous)
250 g Linsen
500 g Nüsse (unterschiedliche Sorten)
100 g Samen zum Keimen (z. B. Alfalfa)

Öle und Fette
Sonnenblumenöl
Olivenöl
Kokosfett
Butter

Gewürze und Würzmittel
Senf
Tomatenmark
Kräutersalz
Vollmeersalz
weiße und schwarze Pfefferkörner
Cayennepfeffer
Lorbeerblätter
Nelken
Wacholderbeeren
Korianderkörner
Muskatnuß
Vanilleschoten
Zimtstangen und gemahlener Zimt
1 kleine Flasche Tamari (Sojasauce)

Milch und Milchprodukte
1/2 l Milch
Joghurt oder Quark
süße und saure Sahne
Parmesankäse

Obst und Gemüse
Wurzelgemüse
Kartoffeln
Meerrettichwurzel (es werden immer nur kleine Mengen benötigt; sie hält sich wochenlang frisch)
Äpfel

Sonstiges
1 Flasche trockener Weißwein
Kleehonig
Apfeldicksaft
Agar-Agar-Pulver (Dickungsmittel aus Algen)
Pfeilwurzmehl
Weinsteinbackpulver
1 Flasche milder Weißweinessig

Hinweise zu den Rezepten

SALATE UND BROT-AUFSTRICHE

Hier finden Sie die idealen Büromahlzeiten, denn Salate sättigen, ohne den Magen zu stark zu belasten. Die meisten der folgenden Rezepte können problemlos zu Hause verzehrfertig zubereitet werden. Nur bei sehr feinen Blattsalaten empfehlen wir Ihnen, Sauce und Salat getrennt mitzunehmen und erst kurz vor dem Verzehr zu mischen.
Aber nicht nur die Liebhaber der Frischkostküche finden in diesem Kapitel entsprechende Salate. Auch an die Pausenbrotfans wurde gedacht. Übrigens – bei der Komposition der einzelnen Salatsaucen greifen wir auf die ganze Bandbreite der verschiedenen Essig- und Ölsorten zurück. Sollten Sie die eine oder andere nicht im Hause haben, dann kleben Sie nicht starr am Rezept, sondern nehmen Sie jene Sorten, die Ihnen zur Verfügung stehen.

Crudités mit verschiedenen Dips

Zubereitungszeit:
ca. 25 Minuten

Für 2 Personen

1 kleiner, butterzarter Kohlrabi
½ Chicorée
1 kleine, junge Sellerieknolle mit Grün oder etwas Staudensellerie
2 kleine rote Bete mit Blättern
2 Frühlingszwiebeln
4 kleine, junge Karotten mit Grün
1 Bund ganz frische Radieschen oder kleine Eiszapfen

Für den Avocadodip:
¼ reife Avocado
2 EL Zitronensaft
1 EL saure Sahne
etwas weißer Pfeffer aus der Mühle
etwas Kräutersalz

Für den Tomatendip:
1 aromatische Tomate
2 Schalotten
1 TL Peperoniessig (Tip)
1 EL Balsamessig (Aceto balsamico)
1 EL Gemüsetee (Seite 52)
1 Msp. Kleehonig
grob gemahlener schwarzer Pfeffer aus der Mühle
2 EL kaltgepreßtes Olivenöl
1 EL kaltgepreßtes Sonnenblumenöl

Für den Kräuterdip:
3 EL Zitronensaft
1 Msp. Kleehonig
3 EL Joghurt
etwas weißer Pfeffer aus der Mühle
1 EL kaltgepreßtes Sonnenblumenöl
je 1 TL feingeschnittene Kerbelblätter, Dill und Petersilienblätter
1 TL Schnittlauchröllchen
½ TL geschnittene Zitronenmelissenblätter

1. Das Gemüse waschen und nach Bedarf schälen.
2. Die Sellerieknolle, die roten Beten und den Kohlrabi in schmale Spalten schneiden. Die Frühlingszwiebel längs vierteln.
3. Die Dips zubereiten. Dazu die Avocado schälen, das Fruchtfleisch mit einer Gabel zerdrücken und mit den übrigen Zutaten für den Avocadodip mischen.
4. Den Tomatendip zubereiten. Dazu den Stilansatz der Tomate herausschneiden. Die Haut oben kreuzförmig einschneiden, die Tomaten für 12 Sekunden in kochendes Wasser tauchen, herausnehmen, abschrecken und enthäuten. Die Kerne entfernen und die Tomate in feine Würfel schneiden.
5. Die Schalotten schälen und fein würfeln. Die restlichen Zutaten für den Tomatendip verrühren, die Schalotten und die Tomate dazugeben.
6. Für den Kräuterdip den Zitronensaft mit Kleehonig, Joghurt, Pfeffer und Öl gut verrühren, dann die Kräuter daruntermischen.
7. Die Dips in drei Schälchen füllen. Das Gemüse auf einer Platte anrichten und zusammen mit den Dips servieren.
(auf den Fotos links und rechts oben)

ca. 525 kcal · 2210 kJ

Tip
Den Peperoniessig können Sie leicht selbst herstellen. Nehmen Sie ½ l Rotweinessig, und legen Sie darin 5 kleine, scharfe Chilischoten ein.

Reste-Tip
Die Avocadoreste können Sie für eine Mousse (Seite 48) verwenden.

34 Salate und Brotaufstriche

Tomatensalat

Zubereitungszeit:
ca. 15 Minuten
Marinierzeit:
ca. 10 Minuten

Für 2 Personen

| 600 g Tomaten |
| 50 g Rauke |
| 1 Frühlingszwiebel |
| 8 Salbeiblätter |

Für die Vinaigrette:

| 3 EL Balsamessig (Aceto balsamico) |
| 1 EL Gemüsetee (Seite 52) |
| 1 Msp. Kleehonig |
| ½ Knoblauchzehe |
| etwas schwarzer Pfeffer aus der Mühle |
| etwas Kräutersalz |
| 6 EL kaltgepreßtes Olivenöl |

1. Die Tomaten häuten. Dazu den Stilansatz herausschneiden und die Haut oben kreuzförmig einschneiden. Die Tomaten für 12 Sekunden in kochendes Wasser geben, dann herausnehmen, abschrecken und enthäuten. Die Tomaten in Achtel schneiden.
2. Die Rauke waschen, putzen, die Stiele entfernen und die Blätter gut trockentupfen.
3. Die Frühlingszwiebel waschen und in Ringe schneiden. Die Salbeiblätter in sehr feine Streifen schneiden.
4. Den Balsamessig mit dem Gemüsetee und dem Kleehonig verrühren. Die Knoblauchzehe, Pfeffer und Kräutersalz dazugeben. Dann langsam das Olivenöl einrühren und so lange weiterrühren, bis die Vinaigrette eine sämige Konsistenz hat. Die Vinaigrette etwa 10 Minuten ziehen lassen, dann die Koblauchzehe wieder entfernen.
5. Die Tomaten, die Frühlingszwiebel und den Salbei mit der Vinaigrette mischen, in der restlichen Vinaigrette die Raukeblätter wenden und den Salat damit garnieren. Alles auf zwei Tellern anrichten. (auf dem Foto rechts unten)

ca. 390 kcal · 1620 kJ

Tip
Die Güte des Tomatensalats hängt sehr von der Qualität der Tomaten ab – nehmen Sie festfleischige, aromatische Tomaten, dann ist dieser Salat ein Genuß. Sollten Sie auch Salbeiblüten oder Schnittlauchblüten zur Hand haben, dann streuen Sie sie ebenfalls über den Salat.

Variation
Kleben Sie nicht am Rezept! Fehlt Ihnen zum Beispiel nur der Salbei, so ersetzen Sie ihn ganz einfach durch ein anderes würziges Küchenkraut wie Petersilie, Majoran oder Liebstöckel.

Salate 35

Salat von grünem Spargel mit Pfefferminzejoghurt

Zubereitungszeit: ca. 10 Minuten

Für 2 Personen

10 Stangen grüner Spargel
1 EL Pinienkerne
½ Kopfsalat

Für das Pfefferminzejoghurt:
3 EL Joghurt
1 EL kaltgepreßtes Sonnenblumenöl
1 EL Zitronensaft
abgeriebene Schale von 1 unbehandelten Zitrone
1 EL feingeschnittene Pfefferminzeblätter
etwas weißer Pfeffer aus der Mühle
etwas Kräutersalz

1. Die Spargelstangen waschen, trockentupfen und die unteren Enden abschneiden. Die Stangen schräg in ½ cm dicke Scheiben schneiden.
2. Die Pinienkerne in einer heißen Pfanne ohne Fettzugabe goldbraun rösten.
3. Den Kopfsalat putzen, die Blätter waschen und mit einem Küchentuch trockentupfen.
4. Für den Pfefferminzejoghurt die angegebenen Zutaten verrühren.
5. Die Kopfsalatblätter darin wenden und auf zwei Tellern anrichten, im restlichen Pfefferminzejoghurt den Spargel kurz marinieren und dann auf die Kopfsalatblätter setzen. Den Salat mit den Pinienkernen bestreuen und servieren.
(auf dem Foto: unten)

ca. 205 kcal · 850 kJ

Variationen
Sowohl weißer als auch grüner Spargel eignet sich roh hervorragend für feine Salate. Servieren Sie ihn einmal lauwarm mit einer leichten Apfelessig-Öl-Vinaigrette oder mit dem Saft einer rosa Grapefruit und etwas Distelöl. Probieren Sie auch eine andere Schnittechnik aus: Hobeln Sie die Spargelstangen längs in feine Scheiben, und rollen Sie diese ein oder richten Sie sie wie ein Geflecht auf einem großen Teller an.

Tip
Weißen Spargel sollten Sie immer schälen – aus den Schalen und den Enden wird ein Spargelfond (siehe Seite 59), den Sie als Basis für eine Suppe oder auch für eine Vinaigrette verwenden können.

Kopfsalat unter der Kräutermayonnaise

Zubereitungszeit: ca. 10 Minuten

Für 2 Personen

2 EL Tripmadamspitzen oder Portulak
½ Kopfsalat
6 Kapuzinerkresseblüten

Für die Kräutermayonnaise:
2 Schalotten
125 g süße Sahne
4 Kapuzinerkresseblätter oder 1 EL Garten-/Brunnenkresse oder Rauke
1 EL Kerbelblätter
1 EL Dillspitzen
1 EL Majoranblätter oder Oregano
1 dünne Scheibe einer Knoblauchzehe
1 EL Zitronensaft
1 TL Brennesselsenf oder mittelscharfer Senf
etwas Kräutersalz
etwas Pfeffer aus der Mühle
etwas Muskatblüte
1 EL kaltgepreßtes Olivenöl

1. Den Kopfsalat im Ganzen waschen, mit einem Küchentuch trockentupfen und den Kopf vierteln. Die Tripmadamspitzen oder den Portulak waschen und mit den Kresseblüten beiseite legen.
2. Für die Mayonnaise die Schalotten schälen und in feine Würfel schneiden.
3. Die Kräuter kleinschneiden und zusammen mit den anderen Zutaten für die Mayonnaise in einen Mixer geben. Alles nur wenige Sekunden pürieren, bis eine nicht ganz steife „Mayonnaise" entsteht. Achtung, die Sauce auf keinen Fall zu lange mixen, sonst wird aus der Sahne Butter.
4. Je ein Kopfsalatviertel auf einem Teller anrichten und mit der Hälfte der Mayonnaise übergießen. Die Kapuzinerkresseblüten und die Tripmadamspitzen darüberstreuen und den Salat servieren.
(auf dem Foto: oben)

ca. 210 kcal · 1120 kJ

Variationen
Diese superschnelle Salatzubereitung sieht sehr dekorativ aus und läßt sich beliebig variieren, denn die Mayonnaise ist ein Grundrezept, das mit jeder Kräuterart verfeinert werden kann. Geben Sie in die fertige Mayonnaise noch Tomatenwürfelchen, oder streuen Sie etwas hartgekochtes Ei und Schnittlauch über den Salat...

Tip
Tripmadam ist ein leicht säuerlich schmeckendes Kraut, das nur selten im Handel angeboten wird. Wer einen Garten besitzt, baut am besten die fleischige, bodendeckende Pflanze selbst an, denn Tripmadam setzt vor allem in Salaten interessante Akzente. Wahlweise können Sie auch Portulak, der manchmal Postelein genannt wird, verwenden.

Reste-Tip
Die andere Hälfte des Kopfsalats können Sie für das Rezept „Salat von grünem Spargel mit Pfefferminzejoghurt" (links) verwenden.

Für Berufstätige
Salat und Dressing getrennt mitnehmen und erst am Arbeitsplatz mischen.

Salate 37

Frühlingssalat mit Wiesenblüten

Zubereitungszeit:
ca. 10 Minuten

Für 2 Personen

200 g Pflücksalat oder Blattsalat
7-8 Gänseblümchenblüten
7-8 Lavendelblüten
7-8 Holunderblüten
7-8 rote Taubnesselblüten
1 TL Kerbelblätter
1 TL Brunnenkresse
1 Frühlingszwiebel
5 Radieschen

Für die Marinade:

2 EL Apfelessig
1 EL Zitronensaft
1 TL Brennesselsenf oder mittelscharfer Senf
1 EL Gemüsetee (Seite 52)
1 TL Crème fraîche
3 EL kaltgepreßtes Sonnenblumenöl
etwas weißer Pfeffer aus der Mühle

1. Den Pflücksalat waschen, putzen und mit einem Küchentuch trockentupfen. Die Blätter in mundgerechte Stücke zupfen.
2. Die Blüten von den Stielen zupfen.
3. Die Frühlingszwiebel putzen, waschen und in Ringe schneiden. Die Radieschen waschen und in feine Stifte schneiden.
4. Für die Marinade den Essig, den Zitronensaft, den Senf und den Gemüsetee verrühren. Die Crème fraîche und das Öl dazugeben, dann alles gut mischen.
5. Den Pflücksalat in der Marinade wenden und auf zwei Tellern anrichten. Die Blüten, die Kräuter, die Radieschenstifte und die Zwiebelringe darüberstreuen und mit der Pfeffermühle ein wenig Pfeffer darübermahlen.
(auf dem Foto: oben)

ca. 205 kcal · 860 kJ

Tip
Mit Kräutern und Blüten lassen sich wunderbare Salate zaubern. Sollten Sie einen kleinen Garten besitzen, so finden Sie dort immer wieder neue Zutaten: zum Beispiel Schlüsselblumenblüten, Ringelblumen, Löwenzahn, echte Veilchenblüten, Salbeiblüten und sogar Schnittlauchblüten. Probieren Sie auch einmal duftende Rosenblüten zu einem Salat mit einer Marinade aus Rosenblütenessig. Wichtig ist jedoch, daß die Blüten nicht mit Pestiziden oder Herbiziden behandelt worden sind.

38 Salate und Brotaufstriche

Chinakohlsalat

Zubereitungszeit:
ca. 10 Minuten
Marinierzeit:
ca. 10 Minuten

Für 2 Personen

2 Tomaten
60 g Zuckerschoten
½ Chinakohl
40 g Rauke
2 Schalotten

Für die Vinaigrette:
1 EL Rotweinessig
1 EL Apfelessig
1 TL Apfeldicksaft
1 TL kaltgepreßtes Kürbiskernöl, vorzugsweise aus der Steiermark
2 EL kaltgepreßtes Sonnenblumenöl
etwas weißer Pfeffer aus der Mühle
etwas abgeriebene Schale einer unbehandelten Zitrone

1. Die Tomaten enthäuten (siehe Rezept „Tomatensalat", Zubereitungsschritt 1, Seite 35). Die Tomaten entkernen und in Streifen schneiden.
2. Die Zuckerschoten waschen, die Fäden abziehen und die Schoten längs in feine Streifen schneiden.
3. Den Chinakohl waschen und in Streifen schneiden. Die Rauke waschen, die Stiele entfernen.
4. Die Schalotten schälen und in sehr feine Würfel schneiden.
5. Für die Vinaigrette alle Zutaten gut mischen, die Salatzutaten darin 10 Minuten marinieren, dann den Salat anrichten.
(auf dem Foto: unten)

ca. 175 kcal · 735 kJ

Tip
Rauke ist ein sehr aromatisches Würzkraut; es erinnert im Geschmack ein wenig an Kresse und kann, sollten Sie es einmal nicht bekommen, zu diesem Rezept auch durch Brunnen- oder Gartenkresse ersetzt werden.
Wir verwenden für diesen Salat steirisches Kürbiskernöl. Es hat einen unverwechselbaren besonderen Geschmack und ist in Feinkostläden erhältlich.

Reste-Tip
Die andere Hälfte des Chinakohls können Sie als leichtes Gemüse (Seite 72) zubereiten.

Salate 39

40 Salate und Brotaufstriche

Radieschensalat mit Gurke

Zubereitungszeit:
ca. 10 Minuten

Für 2 Personen

¼ Kopf Endiviensalat
½ Salatgurke
1 Bund Radieschen
10 Pfefferminzeblätter

Für das Dressing:
3 EL Zitronensaft
1 EL saure Sahne
2 EL kaltgepreßtes Distelöl
1 Msp. Cayennepfeffer
1 Msp. Vollmeersalz

Außerdem:
2 EL Radieschensprossen (Seite 20)
feine Streifen von der Schale einer unbehandelten Zitrone oder Limette

1. Den Endiviensalat waschen, putzen und mit einem Küchentuch trockentupfen.
2. Die Gurke schälen, längs vierteln und in ½ cm breite Stücke schneiden.
3. Dann die Radieschen waschen, putzen und vierteln, die größeren achteln. Die Pfefferminzeblätter in Streifen schneiden.
4. Für das Dressing alle Zutaten gut miteinander verrühren. Die Endiviensalatblätter im Dressing wenden und auf zwei Tellern anrichten. Die Gurke und die Radieschen zusammen mit der Pfefferminze und den Sprossen im restlichen Dressing wenden und alles auf den Salatblättern anrichten.
5. Den Salat mit den Zitronenschalenstreifen bestreuen und servieren.
(auf dem Foto: oben)

ca. 150 kcal · 630 kJ

Reste-Tip
Verwenden Sie die restliche Gurke für eine Gurkensuppe (Seite 55) oder für ein Gurkengemüse (Seite 93). Aus dem restlichen Endiviensalat können Sie alle grünen Salate zubereiten.

Radicchio mit Avocado

Zubereitungszeit:
ca. 10 Minuten

Für 2 Personen

2 kleine Köpfe Radicchio
½ reife Avocado
1 TL Zitronensaft
2 EL Pinienkerne
4 Radieschen

Für das Dressing:
2 Schalotten
Saft von ½ Zitrone
1 Msp. Kleehonig
1 EL Apfelessig
1 EL Gemüsetee (Seite 52)
1 EL saure Sahne
etwas weißer Pfeffer aus der Mühle

Außerdem:
2 EL Kerbelblätter

1. Den Radicchio putzen, waschen, auf einem Küchentuch trockentupfen und in mundgerechte Stücke zupfen.
2. Die Avocado schälen und den Kern entfernen – die eine Hälfte (¼ Avocado) in Scheiben schneiden und mit dem Zitronensaft beträufeln, die andere Hälfte für das Dressing beiseite legen.
3. Die Pinienkerne in einer heißen Pfanne ohne Fettzugabe goldbraun rösten.
4. Die Radieschen waschen und in feine Streifen schneiden.
5. Für das Dressing die Schalotten schälen, ein wenig zerkleinern und zusammen mit der Avocado und den restlichen Zutaten im Mixer pürieren.
6. Die Radicchioblätter zusammen mit den Avocadoscheiben auf zwei Tellern anrichten und alles mit Dressing beträufeln.
7. Den Salat mit den Pinienkernen, den Kerbelblättchen und den Radieschenstreifen bestreuen und sofort servieren.
(auf dem Foto: unten)

ca. 345 kcal · 1440 kJ

Reste-Tip
Die restliche Avocado verwenden Sie für eine Mousse (Seite 48) oder für einen Dip (Seite 34).

Salate 41

Feldsalat mit Wurzelgemüsestreifen

Zubereitungszeit:
ca. 10 Minuten
Zeit zum Ziehen:
ca. 30 Minuten

Für 2 Personen

Für die Wacholdervinaigrette:
5 Wacholderbeeren
2 EL Balsamessig
(Aceto balsamico)
1 EL Rotweinessig

Außerdem:
100 g Feldsalat
1 kleine Karotte (ca. 60 g)
2 kleine Petersilienwurzeln
oder Pastinaken (ca. 60 g)
10 g frische Meerrettichwurzel

2 EL kaltgepreßtes Sonnenblumenöl
etwas schwarzer Pfeffer
aus der Mühle

1. Die Wacholderbeeren mit der breiten Seite eines großen Küchenmessers zerdrücken. In einem kleinen Topf den Balsam- und den Rotweinessig erhitzen, die Wacholderbeeren hineingeben. Den Essig einmal aufkochen und den Topf vom Herd nehmen. Alles abkühlen und mindestens 1/2 Stunde ziehen lassen.
2. Den Feldsalat putzen, waschen und auf einem Küchentuch trockentupfen.
3. Die Karotte und die Petersilienwurzeln gründlich waschen, putzen, eventuell schälen und in feine Streifen schneiden oder raspeln.
4. Den Meerrettich unter fließendem Wasser abbürsten und fein raspeln.
5. Für die Vinaigrette den Essigsud durchseihen und mit dem Sonnenblumenöl und dem Pfeffer verrühren, den Feldsalat darin mehrmals wenden.
6. Den Feldsalat auf zwei Tellern anrichten, die Karotten-, Petersilienwurzel- und Meerrettichstreifen darüberstreuen und die restliche Vinaigrette darauf verteilen.

ca. 145 kcal · 605 kJ

Tip
Achten Sie beim Kauf des Feldsalates auf gute Qualität. Besonders fein schmecken kleinblättrige Sorten, im süddeutschen Raum auch als Mausohr-Feldsalat bekannt. Er hat den typischen nussigen Geschmack.

Variation
Wenn Sie keinen Wacholder mögen, streuen Sie einige leicht zerdrückte Walnußkerne und Schnittlauchröllchen über den Salat.

Für Berufstätige
Sie sollten bei diesem Salat das Dressing getrennt mitnehmen und erst am Arbeitsplatz über die Salatzutaten gießen, der Feldsalat fällt sonst zusammen.

42   Salate und Brotaufstriche

Bunter Salat von Paprikaschoten

Zubereitungszeit:
ca. 15 Minuten

Für 2 Personen

½ kleine rote Paprikaschote (ca. 60 g)
½ kleine grüne Paprikaschote (ca. 60 g)
½ kleine gelbe Paprikaschote (ca. 60 g)
1 TL Sesam
2 EL Alfalfasprossen (Seite 20)
1 Zweig Majoran
1 Zweig Estragon oder Ysop
50 g Friséesalat
10 g Portulak oder Kresse

Für die Marinade:
1 EL Peperoniessig (Seite 34)
2 EL Weißweinessig
½ TL Apfeldicksaft
½ TL Tamari (Sojasauce)
1 TL kaltgepreßtes Kürbiskernöl, vorzugsweise aus der Steiermark, oder Sesamöl
1 EL kaltgepreßtes Olivenöl
1 EL kaltgepreßtes Distelöl

1. Die Paprikaschoten waschen, putzen und die Kerne entfernen. Die Schoten in 1 ½ cm große Rauten oder Würfel schneiden.
2. Den Sesam in einer heißen Pfanne ohne Fettzugabe goldbraun rösten.
3. Die Sprossen gut waschen, die Kräuterblättchen von den Stielen abzupfen.
4. Den Friséesalat waschen, in mundgerechte Stücke zupfen und auf einem Küchentuch trocknen.
5. Den Portulak oder die Kresse waschen, auf einem Küchentuch trocknen und die Stiele entfernen.
6. Für die Marinade alle Zutaten gut verrühren. Alle Salatzutaten außer dem Portulak oder der Kresse und dem Friséesalat mit der Marinade mischen.
7. Den Salat auf zwei Tellern anrichten. Die Frisée- und die Portulakblätter in der verbliebenen Marinade wenden und den Salat damit garnieren.

ca. 165 kcal · 695 kJ

Variation
Sollten Sie eine frische Ingwerwurzel im Kühlschrank haben, so kann ein wenig davon fein gerieben im Salat sehr apart schmecken.

Reste-Tip
Die restlichen Paprikaschoten können Sie für den Gemüsetee (Seite 52), für den Couscous (Seite 85) oder für eine Sauce (Seite 81) verwenden.

Salate 43

Chicorée mit Orangen

Zubereitungszeit: ca. 15 Minuten

Für 2 Personen

1 ½ Kolben Chicorée (ca. 180 g)
2 unbehandelte Orangen oder Blutorangen
1 Karotte (ca. 100 g)
2 EL Alfalfasprossen (Seite 20)

Für das Dressing:
3 EL Joghurt
1 EL kaltgepreßtes Sonnenblumenöl
1 Msp. Kleehonig
etwas Cayennepfeffer
etwas Vollmeersalz

1. Die Chicoréekolben in einzelne Blätter teilen, sie waschen und auf einem Küchentuch trocknen. 10 schöne, mittelgroße Blätter beiseite legen und die anderen in 1 cm breite Streifen schneiden.
2. Die Orangen waschen und mit einem Juliennereißer einige Streifen von der Schale abziehen. Wer keinen Juliennereißer hat, schneidet ein wenig der orangefarbenen Schalenschicht ab und schneidet diese Stücke in schmale Streifen. Die Orangen mit einem kleinen scharfen Messer bis aufs Fruchtfleisch schälen und die Filets aus den Trennhäuten schneiden. (Wer darin nicht geübt ist, schneidet die Orangen in Scheiben und halbiert diese.) Den Saft dabei für das Dressing auffangen.
3. Die Karotte unter fließendem Wasser abbürsten, putzen und fein raspeln.
4. Die Alfalfasprossen gut waschen und abtropfen lassen.

5. Für das Dressing alle Zutaten und den aufgefangenen Orangensaft gut miteinander verrühren. Die Chicoréestreifen, die Karotte und die Orangenfilets darin kurz marinieren.
6. Die Chicoréeblätter strahlenförmig auf zwei Tellern anrichten, den marinierten Salat in die Mitte setzen. Alles mit den Alfalfasprossen und den Orangenschalenstreifen bestreuen.
(auf dem Foto: oben)

ca. 185 kcal · 775 kJ

Tip
Orangenfilets zu schneiden ist keine große Kunst, es erfordert aber ein wenig Übung, und Sie brauchen ein scharfes Messer. Zuerst schneiden Sie von der Orange oben und unten eine Scheibe ab, so daß Sie das Fruchtfleisch sehen. Die Orange auf eine dieser Schnittflächen stellen und nur die restliche Schale in breiten Streifen abschneiden; die weiße Haut muß dabei mit abgelöst werden. Jetzt sehen Sie die weißen Trennhäute. Nehmen Sie die Orange nun in die Hand, und schneiden Sie die Filets entlang der Trennhäute heraus.

Warm marinierter Friséesalat mit Räuchertofu

Zubereitungszeit: ca. 15 Minuten

Für 2 Personen

½ Kopf Friséesalat
50 g Räuchertofu
6 Schalotten
½ Bund Schnittlauch

Für die Marinade:
3 EL kaltgepreßtes Sonnenblumenöl
1 EL Rotwein
1 EL Rotweinessig
1 TL Balsamessig (Aceto balsamico)
½ TL Kleehonig
1 TL scharfer Senf
1 TL kaltgepreßtes Kürbiskernöl
etwas schwarzer Pfeffer aus der Mühle
etwas Kräutersalz

1. Den Frisée waschen, putzen und mit einem Küchentuch trocknen.
2. Den Räuchertofu in feine Streifen schneiden.
3. Die Schalotten schälen und in feine Streifen schneiden. Den Schnittlauch fein schneiden.
4. Für die Marinade zunächst 2 Eßlöffel Sonnenblumenöl in einem kleinen Topf erwärmen und die Schalotten darin anschwitzen, bis sie glasig sind. Den Tofu kurz mitbraten und nach 1 Minute mit dem Rotwein, dem Rotwein- und dem Balsamessig ablöschen. Den Kleehonig und den Senf dazugeben und alles nochmals kurz aufkochen, dann vom Herd ziehen. Das restliche Sonnenblumenöl und das Kürbiskernöl dazugeben und alles gut mischen. Die Marinade mit Pfeffer und Kräutersalz würzen.

5. Den vorbereiteten Frisée auf zwei Tellern anrichten und mit der warmen Marinade überziehen. Mit den Schnittlauchröllchen bestreuen und den Salat noch warm servieren.
(auf dem Foto: unten)

ca. 250 kcal · 1055 kJ

Variation
Anstelle des Räuchertofus könnten Sie geröstete Vollkornbrotwürfel darüberstreuen.

Reste-Tip
Die restlichen Friséeblätter verwenden Sie für einen grünen Salat.

Salate 45

Salat von jungem Weißkohl

Zubereitungszeit:
ca. 10 Minuten
Marinierzeit:
ca. 10 Minuten

Für 2 Personen

300 g junger Weißkohl
1 kleine rote Zwiebel

Für die Vinaigrette:
2 EL kaltgepreßtes Sonnenblumenöl
2 EL Rotweinessig
1 EL Gemüsetee (Seite 52)
1 EL kaltgepreßtes Distelöl
1 TL kaltgepreßtes Haselnußöl
etwas schwarzer Pfeffer aus der Mühle
etwas Kräutersalz
½ Bund Schnittlauch
½ Knoblauchzehe

1. Den Weißkohl waschen, putzen und in feine Streifen schneiden.
2. Die Zwiebel schälen und in feine Würfel schneiden.
3. Das Sonnenblumenöl in einer Pfanne erhitzen und die Zwiebelwürfel darin anschwitzen, bis sie glasig sind.
4. Aus dem Essig, dem Gemüsetee, dem Distel- und dem Haselnußöl, Pfeffer und Kräutersalz eine Vinaigrette rühren und die noch heißen Zwiebelwürfel dazugeben.
5. Den Weißkohl in die Vinaigrette geben, darin 10 Minuten marinieren.
6. Den Schnittlauch in feine Röllchen schneiden.
7. Zwei Teller mit der Knoblauchzehe abreiben, den Salat darauf anrichten und mit Schnittlauch bestreut servieren.

ca. 225 kcal · 945 kJ

Tip
Weißkohl hat ebenso wie alle anderen Kohlsorten einen feineren Geschmack, wenn er nicht aus konventionellem, sondern aus biologischem Anbau kommt.

Reste-Tip
Den restlichen Weißkohl können Sie achteln, in Wasserdampf garen und zu Annakartoffeln (Seite 77) servieren.

Wurzelgemüsesalate mit Sauerkraut

Zubereitungszeit:
ca. 15 Minuten

Für 2 Personen

½ kleine Karotte (ca. 35 g)
1 kleines Stück rote Bete (ca. 35 g)
1 kleines Stück Sellerie oder Petersilienwurzel (ca. 35 g)
1 Kopf Lollo rosso oder Lollo bionda
45 g Sauerkraut mit Saft
6 EL kaltgepreßtes Sonnenblumenöl

Für das Kräuterdressing:
1 EL Apfelessig
1 EL Estragonessig
1 EL Gemüsetee (Seite 52)
1 EL kaltgepreßtes Distelöl
4 EL saure Sahne
1 TL scharfer Senf
je 1 Zweig Dill, glatte Petersilie und Liebstöckel

1. Das Wurzelgemüse unter fließendem Wasser abbürsten, putzen und jedes extra fein raspeln.
2. Den Salatkopf waschen, putzen und auf einem Küchentuch trocknen. Den Strunk abschneiden, so daß die Blätter auseinanderfallen.
3. Das Sauerkraut etwas kleinschneiden.
4. Zu jeder Wurzelgemüseart je ⅓ des Sauerkrauts und 2 Eßlöffel Sonnenblumenöl geben und alles gut mischen.
5. Für das Dressing alle Zutaten im Mixer pürieren, bis eine sämige Sauce entsteht.
6. Die Salatblätter im Dressing wenden und auf zwei Tellern in jeweils drei Rosetten anrichten. Die Wurzelsalate einzeln auf den Rosetten verteilen.

ca. 460 kcal · 1930 kJ

Tip
Sauerkraut gibt Wurzelsalaten einen sehr aparten Geschmack und ersetzt die Zugabe von Essig und Salz.

Variationen
Möchten Sie einmal Sauerkraut allein als Salat zubereiten, richten Sie ihn mit einer warmen Marinade aus angeschwitzten Zwiebelwürfeln und Apfelstükken an.
Eine weitere einfache Zubereitung für Wurzelsalate ist es, sie in Zitronensaft und Öl zu marinieren. Sie könnten dann zu Karotten noch Estragon oder Petersilie sowie geröstete Sonnenblumenkerne geben, zu roten Beten paßt etwas geriebener Meerrettich, zu Sellerie etwas Selleriegrün...

Salate 47

Vegetarische Landleberpastete

Quellzeit:
mindestens 6 Stunden
Zubereitungszeit:
ca. 15 Minuten

Für 2 Personen

100 g braune Zwerglinsen
300 ml Gemüsetee
(Seite 52)
1 kleines Stück Lauch
(ca. 30 g)
1 Lorbeerblatt
3 Nelken, 1 ½ Zwiebeln
½ Knoblauchzehe
50 ml kaltgepreßtes
Sonnenblumenöl
etwas abgeriebene Schale
von einer unbehandelten
Zitrone
1 Zweig Rosmarin
etwas Kräutersalz
etwas schwarzer Pfeffer
aus der Mühle
etwas geriebene Muskatnuß
1 TL Sojasauce (Tamari)
1 EL Apfeldicksaft
3 EL Majoranblättchen

1. Die Linsen in dem Gemüsetee über Nacht, mindestens aber 6 Stunden einweichen.
2. Die Zwiebeln schälen, das Lorbeerblatt mit den Nelken auf die halbe Zwiebel stecken.
3. Den Lauch putzen, waschen und in Scheiben schneiden.
4. Die Linsen zusammen mit dem Einweichwasser, dem Lauch und der gespickten Zwiebelhälfte in einem passenden Topf einige Minuten kochen, bis sie weich sind.

5. Inzwischen die andere Zwiebel und die Knoblauchzehe schälen und in feine Würfel schneiden.
6. Das Sonnenblumenöl in einer Pfanne erhitzen und die Zwiebel- und Knoblauchwürfel, die Zitronenschale und den Rosmarinzweig darin anschwitzen.
7. Die gekochten Linsen ohne die gespickte Zwiebel in einem Mixer mit den restlichen Zutaten fein pürieren und würzig abschmecken.
(auf dem Foto: oben links)

ca. 410 kcal · 1730 kJ

Tip
Dieser Aufstrich schmeckt sehr gut mit kleinen Gewürzgurken.

Avocadomousse

Zubereitungszeit:
ca. 10 Minuten

Für 2 Personen

2 reife Avocados
Saft von 1 unbehandelten
Zitrone
etwas Kräutersalz
etwas weißer Pfeffer
aus der Mühle
2 EL Tomatenfleischwürfel
2 EL feine Schnittlauchröllchen

1. Die Avocados schälen, halbieren und die Kerne entfernen.
2. Die Avocados mit einer Gabel zerdrücken und die Mousse mit Zitronensaft, Kräutersalz und Pfeffer abschmecken.
3. Zum Schluß die Tomatenwürfel und den Schnittlauch darunterheben.
(auf dem Foto: oben rechts)

ca. 355 kcal · 1495 kJ

Tip
Servieren Sie die Avocadomousse als Brotaufstrich oder als Beigabe zu einem Salat. Oder probieren Sie einmal diese Variante: Formen Sie aus der Avocadomasse mit zwei kleinen Löffeln Nockerln, und setzen Sie diese als Einlage in die erfrischende Tomatensuppe (Seite 56).

48 Salate und Brotaufstriche

Brotaufstriche 49

SUPPEN

Am Anfang dieses Kapitels steht das für die feine vegetarische Vollwertküche unentbehrliche Grundrezept – der Gemüsetee. Er hat ein wunderbares Aroma, ist die Basis von Suppen und Saucen und wird zur Zubereitung von Getreidegerichten, Salatsaucen sowie vielen Gemüsespeisen verwendet. Auf keinen Fall sollten Sie ihn durch Fertigprodukte ersetzen, denn diese sind meist viel zu salzig und überdecken den Geschmack feiner Zutaten. Da sich der Gemüsetee jedoch problemlos einfrieren läßt, können Sie ihn auf Vorrat kochen. Suppen sind als Büromahlzeit äußerst beliebt. Kalte Suppen lassen sich sehr einfach in einem gut verschließbaren Glas transportieren, aber auch heiße Suppen eignen sich als Außer-Haus-Mahlzeit. Da in vielen Büros keine Möglichkeit zum Aufwärmen vorhanden ist, füllen Sie die kochend heiße Suppe morgens in eine Thermoskanne. Sie bleibt dann bis zum Mittag warm.

Gemüsetee

Zubereitungszeit:
ca. 100 Minuten

Für ca. 3 Liter

2 Karotten (ca. 100 g)
⅙ Sellerieknolle oder
1 Petersilienwurzel
(ca. 275 g)
das Weiße von 1 Lauch-
stange
½ rote Paprikaschote
(ca. 100 g)
½ gelbe Paprikaschote
(ca. 100 g)
½ Zucchino (ca. 100 g)
1 Tomate
1 kleines Stück Blumenkohl,
Wirsing oder Weißkohl
2 Lorbeerblätter
½ Knoblauchzehe
1 TL Korianderkörner
1 TL zerdrückte Pfeffer-
körner
wenn vorhanden, Stiele
von Kräutern, wie Kerbel,
Petersilie, Dill…

1. Das Gemüse waschen, putzen und in Stücke schneiden.
2. Alle Zutaten mit 3 Liter kaltem Wasser aufsetzen und es bei starker Hitze bis kurz unter den Siedepunkt erhitzen. Dann herunter- schalten und das Gemüse bei geringer bis mittlerer Hitze etwa 1½ Stunden zie- hen lassen, der Gemüsetee darf nicht kochen!
3. Den goldgelben Gemüse- tee durch ein sehr feines Sieb gießen.
(auf dem Foto: oben)

insgesamt
ca. 175 kcal · 790 kJ

Tip
Für den Gemüsetee nur einwandfreies, frisches Gemüse von bester Quali- tät verwenden, nur dann wird er gut, und es lohnt sich der Aufwand!
Diese Brühe ist ein unent- behrliches Grundrezept. Der Gemüsetee erspart die Verwendung gekörnter Brü- hen und reduziert damit den Salzkonsum. Sorgfältig zubereitet ist der Gemüse- tee auch pur ein Genuß. Da Sie meist nur kleine Mengen des Tees benöti- gen, empfehlen wir, ihn portionsweise – eventuell im Eiswürfelbehälter – ein- zufrieren. Die Eiswürfel dann in einen Beutel geben und bei Bedarf die gewünschte Menge entneh- men.

52 Suppen

Goldgelbe Gemüseessenz mit Gemüse und Butternockerln

Zubereitungszeit: ca. 30 Minuten

Für 2 Personen

400 ml Gemüsetee (Seite 52)
2 EL trockener Weißwein
etwas Vollmeersalz

Für die Nockerln:
90 g zimmerwarme Butter
100 g gesiebtes Dinkelmehl (entspricht etwa 120 g ungemahlenem Dinkel)
1 Msp. Weinsteinbackpulver
2 Eier
1 TL Vollmeersalz
1 EL kaltgepreßtes Sonnenblumenöl

Für die Gemüseeinlage:
1 TL Karottenstreifen
1 TL Petersilienwurzelstreifen
1 TL Lauchstreifen
1 TL Tomatenwürfel
2 TL Kerbelblättchen

1. Den Gemüsetee in einem passenden Suppentopf erhitzen, mit dem Weißwein und etwas Salz abschmecken.
2. Für die Butternockerln die Butter mit dem Handrührgerät schaumig rühren.
3. Mehl und Backpulver mischen und zusammen mit den Eiern und 1/2 Teelöffel Salz unter die Butter rühren. Den Nockerlteig 3 bis 4 Minuten rühren.
4. Inzwischen etwa 1/2 l Wasser in einem flachen, weiten Topf mit dem restlichen Salz und dem Öl erhitzen, dann die Hitzezufuhr auf die mittlere Stufe reduzieren. Von der Teigmasse mit zwei Teelöffeln kleine Nockerln abstechen und diese in das leicht köchelnde Wasser geben. Die Nockerln etwa 10 Minuten ziehen lassen, anschließend mit einem Schaumlöffel herausnehmen.
5. Die Gemüsestreifen und die Tomatenwürfel in dem leicht kochenden Gemüsetee garen. Dazu zuerst die Wurzelstreifen in den Gemüsetee geben, nach 4 Minuten den Lauch und nach weiteren 2 Minuten die Tomatenwürfel dazugeben. Danach alles vom Herd nehmen und die Suppe in zwei vorgewärmten Suppentellern anrichten. Die Nockerln hineinsetzen und alles mit den Kerbelblättchen bestreuen. (auf dem Foto: unten)

ca. 660 kcal · 2750 kJ

Tip
Die Butternockerln können, bereits gekocht, sehr gut eingefroren werden. Haben Sie auch den Gemüsetee vorrätig, bringen Sie in 1/4 Stunde eine Vorspeise auf den Tisch.

Variationen
Lassen Sie bei der Einlage Ihre Phantasie spielen! Es eignen sich auch Zuckerschoten, kleine weiße Rübchen (im Ganzen), kleine Karotten, Spargelstücke, Brokkoliröschen, Bohnenstücke mit feinen Tomatenstreifen ... und die jeweils dazu passenden oder gerade vorhandenen Kräuter.
Auch die Butternockerlmasse läßt sich leicht variieren, zum Beispiel wenn Sie 1 Eßlöffel gehackte Kräuter, 1 Eßlöffel Tomatenmark oder 1 Eßlöffel gehackte, gebratene Pilze darunterheben.

Suppen 53

Klare Suppe mit Wirsing und Pilzen

Zubereitungszeit:
ca. 10 Minuten

Für 2 Personen

3 mittelgroße braune Champignons (ca. 30 g)
1 TL kaltgepreßtes Sonnenblumenöl
½ TL Steinpilzöl, wenn vorhanden
400 ml Gemüsetee (Seite 52)
60 g Wirsing
¼ Knoblauchzehe
2 EL trockener Weißwein
etwas weißer Pfeffer aus der Mühle
etwas Kräutersalz
1 Zweig Thymian

1. Die Champignons mit einem feuchten Küchentuch abreiben und in feine Scheiben schneiden.
2. Das Sonnenblumenöl in einer kleinen Pfanne erhitzen und die Pilze darin anschwitzen. Die Pfanne vom Herd ziehen und das Steinpilzöl zu den Pilzen geben.
3. Den Gemüsetee in einem passenden Suppentopf erhitzen.
4. Inzwischen den Wirsing waschen und in etwa 2 cm große Würfel schneiden.
5. Den Wirsing und die Knoblauchzehe in die kochende Suppe geben und etwa 2 Minuten bei offenem Topf kochen lassen. Die Knoblauchzehe wieder herausnehmen.

6. Die Suppe mit dem Weißwein, dem Kräutersalz und dem Pfeffer abschmecken. Zum Schluß die Thymianblättchem vom Zweig zupfen und dazugeben.
7. Kurz vor dem Servieren die Pilze in die Suppe geben und diese in vorgewärmten Tellern anrichten.

ca. 60 kcal · 260 kJ

Variationen
Sie können die Hälfte der Suppe kurz vor dem Anrichten im Mixer pürieren und dann noch 1 Eßlöffel geschlagene Sahne dazugeben.
Nehmen Sie auch einmal geröstete Vollkornbrotwürfel als Einlage.

Reste-Tip
Sie können den restlichen Wirsing für den Gemüsetee (Seite 52) verwenden.

Für Berufstätige
Im Gegensatz zu den anderen Suppen eignet sich diese nicht zum Mitnehmen. Sie sollte wegen der Pilze immer frisch zubereitet werden.

54 Suppen

Hellgrüne Gurkensuppe

Zubereitungszeit:
ca. 10 Minuten

Für 2 Personen

---
1 weiße Zwiebel
2 EL kaltgepreßtes Sonnenblumenöl
300 ml Gemüsetee (Seite 52)
100 ml Milch
1/4 mittelgroße Salatgurke (ca. 150 g)
1/4 Knoblauchzehe
etwas weißer Pfeffer aus der Mühle
etwas Kräutersalz
2 EL geschlagene süße Sahne
einige frische Dillspitzen

---

1. Die Zwiebel schälen und in Würfel schneiden. Mit dem Gemüsetee und der Milch ablöschen und dann alles bis zum Siedepunkt erhitzen.
2. Das Sonnenblumenöl in einem passenden Suppentopf erhitzen und die Zwiebel darin glasig dünsten.
3. Inzwischen die Gurke waschen, schälen und in Stücke schneiden. Die Knoblauchzehe schälen.
4. Wenn die Suppe kocht, die Gurkenstücke und den Knoblauch dazugeben und etwa 1 Minute mitkochen.
5. Die Suppe im Mixer pürieren, in den Topf zurückgießen, aber nicht mehr kochen.
6. Sie mit dem Pfeffer und dem Kräutersalz abschmecken und in zwei vorgewärmten Suppentellern anrichten. Die Suppe mit der Sahne und den Dillspitzen garnieren.

ca. 245 kcal · 1015 kJ

Tip
Die Gurkensuppe dürfen Sie auf keinen Fall lange kochen, sonst verliert sie ihre zartgrüne Farbe und das feine Aroma.

Variation
Im Sommer schmeckt die Gurkensuppe auch gut gekühlt mit Frischkäsenockerln als Einlage. Dazu 3 Teelöffel Doppelrahmfrischkäse mit gehacktem Dill und etwas Kräutersalz mischen und mit zwei Teelöffeln daraus zwei Nokkerln formen.

Reste-Tip
Die restliche Gurke können Sie für den „Radieschensalat mit Gurke" (Seite 41) oder auch für das Gurkengemüse (Seite 93) verwenden.

Suppen 55

Schaumige Petersiliensuppe

Zubereitungszeit: ca. 20 Minuten

Für 2 Personen

1 mittelgroße Kartoffel (ca. 100 g)
200 ml Gemüsetee (Seite 52)
½ Bund glatte Petersilie
200 ml Milch
etwas weißer Pfeffer aus der Mühle
etwas Kräutersalz
2 EL geschlagene süße Sahne

1. Die Kartoffel waschen, schälen und würfeln.
2. Den Gemüsetee in einem passenden Topf erhitzen und die Kartoffel darin 10 Minuten kochen.
3. Inzwischen die Petersilienblätter abzupfen; einige für die Garnitur beiseite legen.
4. Wenn die Kartoffelwürfel weich sind, die Suppe im Mixer pürieren, dabei die Milch dazugeben.
5. Die Petersilienblätter zur Suppe in den Mixer geben und alles so lange mixen, bis die Suppe glatt und hellgrün ist.
6. Die Suppe in den Topf zurückgießen und mit dem Pfeffer und dem Kräutersalz abschmecken.
7. Die Suppe nur noch kurz erwärmen, nicht mehr kochen, da sonst der feine Kräutergeschmack verlorengeht. Die Suppe in vorgewärmten Tellern anrichten und mit der Sahne und den restlichen Petersilienblättern verzieren.
(auf dem Foto: unten)

ca. 190 kcal · 790 kJ

Tip
Die Zubereitungszeit verkürzt sich, wenn Sie eine schon gekochte Kartoffel zur Hand haben. Dies ist vielleicht der Fall, wenn Sie am selben Tag ein Kartoffelgericht planen. Dann werden die Milch und der Gemüsetee nur kurz erhitzt und alle Zutaten im Mixer püriert.

Variation
Dieses Rezept ist ein Grundrezept, nahezu alle Kräutersuppen können Sie auf diese Weise zubereiten, so etwa eine Kerbelschaumsuppe, eine Estragon- oder eine Dillsuppe. Auch eine Brennesselsuppe oder eine Wildkräutersuppe schmeckt sehr fein, die Brennesselblättchen für die Garnitur sollten Sie aber vorher kurz in heißem Wasser blanchieren, damit sie nicht mehr „brennen".

Reste-Tip
Die restliche Petersilie können Sie für eine Sauce (Seite 80) verwenden.

Tomatencremesuppe

Zubereitungszeit: ca. 15 Minuten

Für 2 Personen

600 g Fleischtomaten
1 Zwiebel
3 EL kaltgepreßtes Olivenöl
1 Zweig Rosmarin
1 TL Tomatenmark
400 ml Gemüsetee (Seite 52)
etwas Cayennepfeffer
etwas Kräutersalz

Für die Einlage:
2 Scheiben Weizenvollkornbaguette
etwas Butter
4 Basilikumblätter oder
1 Zweig Majoran
2 Kirschtomaten
1 EL geschlagene süße Sahne

1. Die Tomaten waschen, den Stielansatz entfernen und die Tomaten vierteln.
2. Die Zwiebel schälen und in Würfel schneiden.
3. Das Olivenöl erhitzen, die Zwiebel, die Tomaten den Rosmarinzweig und das Tomatenmark darin anschwitzen. Alles mit dem Gemüsetee ablöschen und 5 Minuten kochen.
4. Die Suppe im Mixer pürieren, durch die Flotte Lotte oder durch ein Sieb passieren und in den Topf zurückgießen. Sie mit dem Cayennepfeffer und dem Kräutersalz abschmecken.
5. Das Brot mit Butter bestreichen und mit den Kräutern und den halbierten Kirschtomaten belegen.
6. Die Suppe in zwei vorgewärmten Tellern anrichten, die Sahne und die Brote darauf setzen.
(auf dem Foto: oben)

ca. 400 kcal · 1665 kJ

Erfrischende Tomatensuppe

Zubereitungszeit: ca. 10 Minuten

Für 2 Personen

300 g aromatische Tomaten, sie dürfen Kühlschranktemperatur haben
250 ml gekühlten Gemüsetee (Seite 52)
1 EL kaltgepreßtes Olivenöl
etwas Vollmeersalz
1 EL Balsamessig (Aceto balsamico)
½ TL Rotweinessig
1 Msp. Kleehonig
4 Basilikumblätter
2 EL Doppelrahmfrischkäse
etwas Kräutersalz

1. Die Tomaten waschen, den Stielansatz entfernen und die Tomaten vierteln.
2. Den Gemüsetee zusammen mit den Tomaten und dem Olivenöl, dem Salz, dem gesamten Essig und dem Kleehonig im Mixer pürieren.
3. Die Suppe durch die flotte Lotte oder durch ein Sieb passieren.
4. Die Basilikumblätter in feine Streifen schneiden.
5. Den Frischkäse mit Kräutersalz abschmecken und mit zwei Teelöffeln aus der Masse Nockerln formen.
6. Die Frischkäsenockerln in zwei gekühlte Suppentasse setzen und mit der Suppe umgießen. Alles mit Basilikum bestreuen.
(auf dem Foto: Mitte)

ca. 190 kcal · 795 kJ

Tip
Achtung, diese Suppe sollte nicht lange vor dem Servieren zubereitet werden, denn Sie verliert schnell ihr Aroma.

56 **Suppen**

Suppen 57

Selleriecremesuppe

Zubereitungszeit:
ca. 15 Minuten

Für 2 Personen

400 ml Gemüsetee
(Seite 52)
½ kleine Sellerieknolle
(ca. 150 g)
etwas weißer Pfeffer
aus der Mühle
etwas Kräutersalz
4 EL geschlagene süße
Sahne
etwas Selleriegrün

1. Den Gemüsetee in einem passenden Suppentopf erhitzen.
2. Inzwischen die Sellerieknolle unter fließendem Wasser abbürsten und kleinschneiden.
3. Die Selleriestücke im Gemüsetee bei geschlossenem Topf in etwa 10 Minuten weich kochen.
4. Den Sellerie zusammen mit dem Gemüsetee pürieren und in den Topf zurückgießen. Die Suppe mit dem Pfeffer und dem Kräutersalz abschmecken.
5. Kurz vor dem Servieren die Sahne darunterziehen.
6. Die Suppe in zwei vorgewärmten tiefen Tellern mit Selleriegrün bestreut servieren.

ca. 185 kcal · 775 kJ

Tip
Diese Suppe wird nur durch das Gemüse gebunden und ist daher sehr leicht und kalorienarm.

Variationen
Auf dieselbe Weise können Sie eine Karottencremesuppe mit Petersilie und Cayennepfeffer oder eine Rote-Bete-Suppe, abgeschmeckt mit etwas Weinessig und Meerrettich oder Senf, zubereiten. Wenn Sie noch etwas Gemüse übrig haben, verwenden Sie es als kleine Suppeneinlage. Schneiden Sie es dann in Streifen oder Würfel, legen Sie es in ein Sieb, vorzugsweise ein Spitzsieb, und lassen Sie es kurz zusammen mit dem Sellerie kochen. Sie können aber auch Brotwürfel oder geröstete Nußscheiben über die Suppe streuen, oder Sie geben als Einlage einige in wenig Öl erwärmte Sprossen hinein...

Cremesuppe von weißem Spargel

Zubereitungszeit:
ca. 1 Stunde

Für 2 Personen

6 Stangen Spargel
1 Msp. Kleehonig
½ TL Butter
1 Msp. Vollmeersalz
1 EL Dinkel
100 ml Milch
etwas weißer Pfeffer aus der Mühle
etwas Vollmeersalz
2 EL geschlagene süße Sahne
1 Aprikose, wenn vorhanden

1. Den Spargel waschen, schälen und die unteren Enden der Stangen abschneiden.

2. Die Schalen und die Abschnitte zusammen mit dem Honig, der Butter, dem Salz und 400 Milliliter kaltem Wasser aufsetzen und in ½ Stunde zu einem Fond kochen. Diesen durch ein Sieb gießen.

3. In der Zwischenzeit die geschälten Spargelstangen in ein feuchtes Tuch wickeln und beiseite legen.

4. Den Dinkel sehr fein mahlen, gröbere Kleinteile heraussieben. Das Mehl in einer heißen Pfanne ohne Fettzugabe anrösten, aber keine Farbe annehmen lassen.

5. Den Spargelfond und die Milch in einem passenden Suppentopf erhitzen.

6. Inzwischen die Spargelspitzen abschneiden, halbieren und beiseite legen. Die Spargelstangen in Stücke schneiden und in der Suppe bißfest kochen. Die Spitzen in ein Sieb, vorzugweise ein Spitzsieb, legen und es für einige Minuten in die kochende Suppe hängen, bis die Spitzen gar, aber noch bißfest sind.

7. Die Suppe zusammen mit den Spargelstücken und dem Mehl im Mixer pürieren, durch die Flotte Lotte oder durch ein Sieb passieren und in den Topf zurückgießen.

8. Die Suppe unter Rühren mit dem Schneebesen nochmals kurz aufkochen, bis das Mehl sie etwas bindet. Die Suppe mit dem Pfeffer und dem Salz abschmecken.

9. Die Suppe in vorgewärmten Suppentellern anrichten, die Sahne und die Spargelspitzen in der Mitte darauf setzen und eventuell mit Aprikosenspalten garnieren.

ca. 175 kcal · 735 kJ

Tip
Die Suppe läßt sich sehr gut vorbereiten, denn Sie können den Spargelfond bereits einige Stunden vor dem Essen kochen.

Variation
Bereiten Sie nach diesem Rezept einmal eine Suppe aus grünem Spargel zu, und nehmen Sie anstelle der Aprikose 1 Eßlöffel Orangensaft und einige Streifen Orangenschale.

Suppen 59

GEMÜSE

Die vielen verschiedenen Gemüsearten, und dazu zählen auch die Kartoffeln, spielen in den folgenden Rezepten die Hauptrolle. Hier finden Sie kleine Gerichte, die sich als Vorspeise sowie als kleine Abend- oder Mittagsmahlzeit eignen und ideal zum Mitnehmen sind, Hauptgerichte aus Gemüse, Gemüsebeilagen sowie Saucen aus Gemüse oder Kräutern. Ein Kapitel, das nicht nur den Gaumen, sondern auch das Auge erfreut.

Tomatengelee mit Basilikumsauce

Zubereitungszeit:
ca. 10 Minuten
Kühlzeit: ca. 3/4 Stunden

Für 2 Personen

2 Tomaten
1/8 l Gemüsetee (Seite 52)
1 TL Agar-Agar-Pulver, sehr knapp gestrichen
etwas Kräutersalz
1 Msp. Kleehonig
Kräutersauce aus Basilikum (Seite 80)

1. Die Tomaten waschen, den Stielansatz heraus-schneiden und die Toma-ten in Stücke schneiden.
2. Die Tomaten zusammen mit dem Gemüsetee im Mixer pürieren und die Flüssigkeit durch die Flotte Lotte oder durch ein Sieb passieren.
3. Die Flüssigkeit nun abmessen, es sollte genau 1/4 l sein. Falls es zuwenig ist, noch etwas Gemüsetee dazugießen. Das Agar-Agar-Pulver darunterrühren und alles einmal aufkochen. Dann die Flüssigkeit mit Kräutersalz und Kleehonig abschmecken.
4. Zwei Tassen oder Timba-leförmchen mit kaltem Wasser ausspülen, die Tomatenflüssigkeit hinein-gießen und für mindestens 3/4 Stunden kühl stellen.
5. Die Basilikumsauce wie beschrieben zubereiten.
6. Das Gelee mit einem stumpfen Messer vorsichtig vom Tassen- oder Förm-chenrand lösen, auf zwei Teller stürzen und mit warmer Basilikumsauce anrichten.
(auf dem Foto: unten links)

ca. 45 kcal · 175 kJ

Marinierter Lauch

Zubereitungszeit:
ca. 15 Minuten

Für 2 Personen

1 Stange Lauch
50 g griechischer Schafs-käse (Feta)
3 EL kaltgepreßtes Olivenöl
1 EL Balsamessig (Aceto balsamico)
etwas abgeriebene Schale einer unbehandelten Zitrone
einige leicht zerdrückte rosa Pfefferkörner
1 Zweig Thymian

1. Den Lauch putzen, waschen und in 5 cm lange und 1/2 cm breite Streifen schneiden. An-schließend in etwa 2 Mi-nuten bißfest dämpfen.
2. Den Schafskäse in 1 cm große Würfel schneiden.
3. Den Lauch in dem Oli-venöl und dem Essig mari-nieren, die Zitronenschale und den Pfeffer dazugeben und die Käsewürfel vor-sichtig daruntermischen.
4. Zum Schluß die Thy-mianblättchen vom Zweig zupfen und darüber-streuen.
(auf dem Foto: unten rechts)

ca. 250 kcal · 1055 kJ

Tip
Dieses Gericht sollte nicht über Nacht stehen, der Lauch verliert sonst seine Farbe.

Marinierte Paprikaschoten

Backzeit: ca. 30 Minuten
Zubereitungszeit:
ca. 20 Minuten

Für 2 Personen

2 rote Paprikaschoten
2 gelbe Paprikaschoten
1 EL Sonnenblumenöl
etwas Vollmeersalz
etwas grob zerstoßener schwarzer Pfeffer
2 EL Balsamessig (Aceto balsamico)
5 EL kaltgepreßtes Olivenöl

1. Den Backofen auf 200°C vorheizen.
2. Die Paprikaschoten waschen, längs halbieren und die Kerne und den Stielansatz entfernen.
3. Das Backblech mit Son-nenblumenöl einpinseln und die Schoten mit der Schnittfläche nach unten darauf legen. Sie nun etwa 30 Minuten backen, bis die Haut Blasen wirft, dies kann gelegentlich auch etwas länger dauern.
4. Die Schoten herausneh-men und mit einem nas-sen, kalten Tuch abschrek-ken. Jetzt die Haut abzie-hen und die Schoten in etwa 1 cm breite Streifen schneiden.
5. Die Streifen in ein pas-sendes Gefäß, zum Beispiel eine flache Glasschüssel schichten. Dabei jede Schicht mit wenig Salz und Pfeffer würzen und mit etwas Essig und Olivenöl beträufeln. Die letzten Paprikastreifen sollten noch mit Olivenöl bedeckt sein.
(auf dem Foto: oben links)

ca. 360 kcal · 1510 kJ

Marinierte braune Champignons

Zubereitungszeit:
ca. 10 Minuten

Für 2 Personen

20 braune Champignons
1/4 l Gemüsetee (Seite 52)
2 EL kaltgepreßtes Olivenöl
3 EL Apfelessig
1 Zweig Thymian
1 geschälte Knoblauchzehe
1 Zweig Rosmarin
einige Senfkörner
einige grob zerstoßene schwarze Pfefferkörner
etwas Kräutersalz
1 Msp. Kleehonig

1. Die Pilze mit einem feuchten Küchentuch abrei-ben und das Stielende abschneiden.
2. Den Gemüsetee zusam-men mit allen restlichen Zutaten in einem passen-den Topf zum Kochen brin-gen, dann die Pilze hinein-geben und etwa 2 Minuten mitkochen. Den Topf vom Herd ziehen und die Pilze in dem Sud abkühlen las-sen.
(auf dem Foto: oben rechts)

ca. 160 kcal · 675 kJ

Tip
Ein Gericht, das sich sehr gut vorbereiten läßt! Am besten schmecken die Pilze, wenn sie 24 Stunden in dem Sud gelegen haben. Die eingelegten Pilze eig-nen sich als Beilage zu einem Brot oder Sie servie-ren sie zusammen mit anderem eingelegtem Gemüse als Vorspeise zu einem italienischen Menü.

Dreierlei Gemüsemousses mit Zitronenvinaigrette

Zubereitungszeit:
ca. 1 1/4 Stunden
Kühlzeit: mindestens
40 Minuten

Für 2 Personen

Für die rote Mousse:
1 mittelgroße Karotte
(ca. 100 g)
25 g kalte Butter

Für die helle Mousse:
150 g Blumenkohl oder
Petersilienwurzeln
25 g kalte Butter

Für die grüne Mousse:
150 g Brokkoli oder
Brokkolistiele
25 g kalte Butter

Für die Vinaigrette:
1 Schalotte
3 EL Zitronensaft
1 TL Senf
1 Msp. Kleehonig
etwas Kräutersalz
etwas weißer Pfeffer
aus der Mühle
4 EL kaltgepreßtes Sonnenblumenöl
1 EL saure Sahne
1 EL Schnittlauchröllchen

1. Die einzelnen Gemüsearten waschen, putzen, etwas zerkleinern und getrennt sehr weich dämpfen. Die Karotten brauchen etwa 10 bis 15 Minuten, die Brokkoli und der Blumenkohl sind in 8 bis 10 Minuten weich.
2. Das noch heiße Gemüse jeweils extra in einer Küchenmaschine zusammen mit der kalten Butter pürieren, bis die jeweilige Masse ganz glatt und geschmeidig ist. Sie auf keinen Fall salzen! Dann die drei Pürees für mindestens 40 Minuten kühl stellen, damit sie fester werden.
3. Für die Vinaigrette die Schalotte schälen und fein würfeln. Die restlichen Zutaten darunterheben.
4. Von den drei Gemüsepürees mit zwei heißen Eßlöffeln große Nockerln abstechen und sie auf zwei Tellern anrichten. Die Nockerln mit der Vinaigrette umgießen.

ca. 245 kcal · 1015 kJ

Tip
Mit knusprigem Weizenvollkornbaguette ist dieses Gericht ein feines Abendessen, es kann aber auch als kleiner Zwischengang in einem Menü serviert werden. Die Gemüsemousse reicht dann für 4 bis 6 Personen.
Sollten Sie nicht alle Gemüsearten im Haus haben, bereiten Sie nur eine oder zwei Mousses zu. Sie lassen sich übrigens sehr gut vorbereiten, da sie ohnehin einige Zeit kühlgestellt werden müssen.

Reste-Tip
Restliche Brokkoli können Sie mit Olivenöl und Pinienkernen zubereiten (Seite 69), oder reichen Sie sie, bißfest gedämpft, zu Hirse- und einfachen Kartoffelgerichten.

Für Berufstätige
Die Gemüsemousse läßt sich auch sehr gut als Brotaufstrich mitnehmen.

Carpaccio von weißem Spargel in Pilzvinaigrette

Zubereitungszeit:
ca. 15 Minuten

Für 2 Personen

10 Stangen weißer Spargel
8 Zuckerschoten

Für die Pilzvinaigrette:
1 Tomate
1 Schalotte
100 g braune Champignons
4 EL kaltgepreßtes Sonnenblumenöl
½ Knoblauchzehe
2 EL Balsamessig (Aceto balsamico)
etwas weißer Pfeffer aus der Mühle
etwas Kräutersalz
1 EL kaltgepreßtes Olivenöl
½ TL Steinpilzöl, wenn vorhanden

Für die Garnierung:
einige Kerbelblättchen

1. Die Spargelstangen schälen, die unteren Enden abschneiden und die Stangen auf dem Gemüsehobel längs in dünne Scheiben schneiden. Die Schalen und Abschnitte beiseite legen und anderweitig verwenden, zum Beispiel für einen Fond (Seite 96).
2. Die Zuckerschoten waschen und putzen. Anschließend kurz blanchieren, abschrecken und quer in feine Streifen schneiden.
3. Die Tomate enthäuten. Dazu den Stielansatz herausschneiden, die Haut über Kreuz anritzen und die Tomate für 12 Sekunden in heißes Wasser legen. Dann herausnehmen, abschrecken und die Haut abziehen. Die Kerne entfernen und die Tomate in feine Würfel schneiden.
4. Die Schalotte schälen und sehr fein würfeln.
5. Die Champignons mit einem feuchten Küchentuch abreiben und in feine Würfel schneiden.
6. Das Sonnenblumenöl in einer Pfanne erhitzen, die halbe Knoblauchzehe hineinlegen und die Pilze zusammen mit der Schalotte darin anschwitzen.
7. Nach kurzer Zeit alles mit dem Balsamessig ablöschen, die Pfanne von der Herdplatte ziehen und die Pilze mit Pfeffer und Kräutersalz würzen.
8. Die Knoblauchzehe herausnehmen. Die Tomatenwürfel sowie das Oliven- und das Steinpilzöl dazugeben und alles gut miteinander verrühren.
9. Die Spargelstreifen auf zwei großen flachen Tellern anrichten, mit der heißen Marinade überziehen und mit Kerbelblättchen bestreuen.
(auf dem Foto: oben)

ca. 340 kcal · 1420 kJ

Variationen
Es muß nicht Spargel sein – bereiten Sie ein Zucchinicarpaccio mit warmer Balsamessigvinaigrette zu und bestreuen Sie es mit Parmesan und Basilikumstreifen. Oder probieren Sie ein Carpaccio aus hauchdünn gehobelten Topinamburknollen, über die Sie nur ein wenig zerlassene Butter, vermischt mit Olivenöl und einem Hauch Trüffelöl, etwas Salz und Pfeffer geben. Dann das Ganze kurz in den heißen Ofen schieben und anschließend mit Parmesan und Schnittlauchröllchen bestreuen.

66 Gemüse

Gebratene Shiitakepilze

Zubereitungszeit:
ca. 20 Minuten

Für 2 Personen

100 g Shiitakepilze
1 Tomate
3 EL kaltgepreßtes Sonnenblumenöl
½ TL Steinpilzöl
1 Knoblauchzehe
1 Zweig Thymian
etwas Kräutersalz
etwas weißer Pfeffer aus der Mühle
2 Scheiben Dinkelvollkornbrot m. Kräutern (Seite 121)
2 EL Butter
1 TL Balsamessig (Aceto Balsamico)
etwas Vollmeersalz

1. Die Pilze mit einem feuchten Küchentuch abreiben, die Stiele herausdrehen (sie können zur Zubereitung des Gemüsetees (Seite 52) verwendet werden). Die Pilzköpfe in Streifen schneiden.
2. Die Tomate waschen und enthäuten. Dazu den Stielansatz herausschneiden, die Haut oben kreuzförmig einschneiden und die Tomate für 12 Sekunden in kochendes Wasser geben. Dann herausnehmen, abschrecken und häuten. Die Kerne entfernen und das Tomatenfleisch in Würfel schneiden.
3. Das Sonnenblumenöl und das Steinpilzöl in einer Pfanne erhitzen.
4. Die Knoblauchzehe schälen, halbieren und zusammen mit dem Thymianzweig in das Öl legen.
5. Die Pilze dazugeben und etwa 5 Minuten braten, dann die Pfanne vom Herd ziehen und die Pilze mit Kräutersalz und Pfeffer abschmecken.
6. Die Brotscheiben goldbraun toasten.
7. Die Butter in einem kleinen Topf erwärmen und die Tomatenwürfel mit dem Balsamessig und etwas Salz darin wärmen, nicht braten.
8. Die Brotscheiben auf zwei Teller legen und die Pilze sowie die Tomatenwürfel darauf anrichten. (auf dem Foto: unten)

ca. 415 kcal · 1735 kJ

Tip
Dieses Gericht ist als kleine Vorspeise oder als Beilage zu einem Salat gedacht. Sollten Sie Gäste haben, kein Problem – es läßt sich ohne Schwierigkeiten auch für mehrere Personen zubereiten. Und: Kleben Sie nicht am Rezept. Gibt es keine Shiitakepilze, dann nehmen Sie Champignons oder andere Pilzarten.

68 Gemüse

Karottenspaghetti auf Petersiliensauce

Zubereitungszeit: ca. 20 Minuten

Für 2 Personen

Für die Karottenspaghetti:
4 mittelgroße Karotten (ca. 400 g)
1 EL Butter
etwas Kräutersalz

Für die Petersiliensauce:
1 kleine Zwiebel
1 EL kaltgepreßtes Sonnenblumenöl
⅛ l Gemüsetee (Seite 52)
125 g süße Sahne
1 Bund glatte Petersilie
½ TL Zitronensaft
etwas Kräutersalz
etwas Pfeffer aus der Mühle

1. Die Karotten unter fließendem Wasser abbürsten, putzen und auf einer Gemüsereibe längs in lange, dünne Streifen raspeln, die wie Spaghetti aussehen. Die Spaghetti 1 bis 2 Minuten dämpfen, sie sollten noch bißfest sein.
2. Für die Sauce die Zwiebel schälen und in feine Würfel schneiden. Das Öl in einem flachen Topf erwärmen und die Zwiebelwürfel darin anschwitzen, bis sie glasig sind. Sie mit dem Gemüsetee ablöschen und die Sahne dazugießen. Die Sauce bei geringer Hitze köcheln lassen, bis die Flüssigkeit leicht eingedickt ist.
3. Inzwischen die Petersilie waschen und die Blättchen abzupfen. Einige schöne für die Garnitur beiseite legen.
4. Die Sauce in den Mixer gießen und zusammen mit den Petersilienblättchen pürieren. Die nun hellgrüne Sauce in den Topf zurückgießen und mit Kräutersalz, Pfeffer und Zitronensaft abschmecken. Die Sauce warm stellen.
5. Die Butter in einer Pfanne schmelzen, die Karottenstreifen darin kurz wenden und mit Kräutersalz abschmecken.
6. Auf zwei vorgewärmte tiefe Teller einen Spiegel aus Petersiliensauce gießen und die Karottenspaghetti darauf setzen. Alles mit den restlichen Petersilienblättchen garnieren.
(auf dem Foto: oben)

ca. 390 kcal · 1645 kJ

Tip
Die Karottenspaghetti eignen sich als leichtes Hauptgericht. Sie sollten dann aber eine Kräuterbrioche (Seite 108) dazu reichen. Servieren Sie sie als kleine Vorspeise zu einem feinen Menü, ergibt die angegebene Menge 3 bis 4 Portionen.

Variationen
Auf diese Art können Sie viele Gemüsearten zubereiten. Haben Sie gerade Zucchini eingekauft, so versuchen Sie einmal Zucchinispaghetti auf einer Sauce aus roten Paprikaschoten (die Zucchinistreifen werden nicht gedämpft, sondern roh in Butter gewendet). Auch Lauch- oder Petersilienwurzelspaghetti schmecken sehr gut.
Ein schönes buntes Hauptgericht ist ein Potpourri aus verschiedenfarbigen Gemüsespaghetti auf einer zarten Kerbelsauce.

Brokkoli mit Olivenöl und Pinienkernen

Zubereitungszeit: ca. 10 Minuten

Für 2 Personen

300 g Brokkoli
2 EL Pinienkerne
etwas Vollmeersalz
etwas weißer Pfeffer aus der Mühle
Saft von ½ Zitrone
6 EL kaltgepreßtes Olivenöl
2 EL frisch geriebener Parmesan

1. Die Brokkoli waschen und die großen Stiele abschneiden. Nur die Röschen und die zarten Stiele verwenden, die sie verbinden. Die großen Stiele für ein anderes Gericht beiseite legen.
2. Die Brokkoli etwa 4 Minuten dämpfen. Sie sollten noch bißfest sein.
3. Die Pinienkerne in einer heißen Pfanne ohne weitere Fettzugabe goldbraun rösten.
4. Die Brokkoli auf zwei vorgewärmten Tellern anrichten. Mit Vollmeersalz und Pfeffer bestreuen, mit dem Zitronensaft und dem Öl beträufeln und zum Schluß die Pinienkerne und den Parmesan darüberstreuen.
(auf dem Foto: unten)

ca. 595 kcal · 2490 kJ

Tip
Dieses ebenso einfache wie unübertroffen feine Gemüsegericht reicht als Hauptspeise für 2 Personen oder als kleine Vorspeise für 4 Personen.

Variationen
Versuchen Sie auch einmal die Kräutermayonnaise (Seite 36) anstelle von Olivenöl und Zitronensaft zu Brokkoli. Auch schöne frische Bohnen können Sie zusammen mit etwas Bohnenkraut auf diese Art zubereiten.

Reste-Tip
Bereiten Sie aus den Brokkolistielen eine Mousse (Seite 64).

Gemüse 69

Zitronenspinat

Zubereitungszeit:
ca. 10 Minuten

Für 2 Personen

400 g Blattspinat
1 EL Butter
Saft von ½ Zitrone
etwas weißer Pfeffer
aus der Mühle
etwas Kräutersalz

1. Den Spinat waschen, putzen und abtropfen lassen.
2. Die Butter in einem Topf schmelzen, den Spinat und den Zitronensaft dazugeben. Den Topf für 2 Minuten zudecken, die Spinatblätter fallen zusammen.
3. Den Spinat mit Pfeffer und Kräutersalz kräftig abschmecken.

ca. 50 kcal · 205 kJ

Tip
Durch den Zitronensaft erhält der Spinat einen frischen Geschmack, verliert aber leider auch ein wenig seine schöne grüne Farbe.

Rahmspinat

Zubereitungszeit:
ca. 10 Minuten

Für 2 Personen

400 g Blattspinat
1 Schalotte
2 EL kaltgepreßtes Sonnenblumenöl
1 EL trockener Weißwein
4 EL süße Sahne
½ Knoblauchzehe
1 Msp. frisch geriebene Muskatnuß
etwas weißer Pfeffer
aus der Mühle
etwas Kräutersalz

1. Den Spinat waschen, putzen und abtropfen lassen.
2. Die Schalotte schälen und in kleine Würfel schneiden.
3. Das Sonnenblumenöl in einem Topf erhitzen, die Schalotte darin anschwitzen und den Spinat dazugeben.
4. Alles mit dem Weißwein und der Sahne ablöschen und den Topf für 2 Minuten zudecken, damit die Blätter zusammenfallen.
5. Die Knoblauchzehe schälen, sie auf eine Gabel stecken und damit den Spinat umrühren.
6. Ihn mit Muskatnuß, Pfeffer und Kräutersalz abschmecken.

ca. 225 kcal · 945 kJ

Tip
Rahmspinat paßt zu fast allen im Buch angegebenen Getreide- und Kartoffelgerichten. Am besten aber kommt er mit Pellkartoffeln zur Geltung.

Chicoréegemüse mit Pilzen

Zubereitungszeit:
ca. 10 Minuten

Für 2 Personen

2 Stauden Chicorée
100 g braune Champignons
4 EL kaltgepreßtes Sonnenblumenöl
1 EL Apfelessig
etwas Kräutersalz
etwas weißer Pfeffer
aus der Mühle
1 TL Butter

1. Den Chicorée waschen, putzen und in 1 1/2 cm dicke Scheiben schneiden.
2. Die Chicoréestücke etwa 4 Minuten dämpfen.
3. Die Champignons mit einem feuchten Küchentuch abreiben und in ganz dünne Scheiben schneiden.
4. Das Öl in einem flachen Topf erhitzen und die Pilze darin anschwitzen. Sie mit dem Essig ablöschen.
5. Den Chicorée dazugeben und mit Kräutersalz und Pfeffer abschmecken. Kurz vor dem Servieren die Butter dazugeben.

ca. 250 kcal · 1055 kJ

Tip
Chicorée ist ein wunderbares Gemüse, das gut zu Mais oder zu Reis paßt.

Reste-Tip
Sollten Sie noch Chicorée übrig haben, bereiten Sie daraus einen Salat mit Orangen (Seite 44) zu.

Kohlrabigemüse

Zubereitungszeit:
ca. 15 Minuten

Für 2 Personen

2 kleine zarte Kohlrabi
(ca. 550 g)
1/8 l Milch
1/4 TL Pfeilwurzmehl oder fein geriebenes Dinkelmehl
1 Msp. Vollmeersalz
1 EL geschlagene süße Sahne
etwas weißer Pfeffer
aus der Mühle

1. Die Kohlrabi schälen, die jungen Blätter beiseite legen. Die Kohlrabi vierteln und in dünne Scheiben hobeln.
2. Die Milch in einem passenden Topf erhitzen und die Kohlrabi darin bei mittlerer Hitze etwa 6 Minuten köcheln.
3. Das Mehl mit wenig Wasser klümpchenfrei verrühren und mit der Kohlrabimilch einmal aufkochen.
4. Den Topf vom Feuer nehmen, das Salz dazugeben und das Gemüse noch etwas ziehen lassen.
5. Kurz vor dem Anrichten die geschlagene Sahne darunterziehen und alles mit Pfeffer abschmecken.
6. Die Kohlrabiblättchen in feine Streifen schneiden und vor dem Anrichten über das Gemüse streuen.

ca. 150 kcal · 635 kJ

Tip
Kohlgemüse, bis auf Chinakohl, nie in Fett anschwitzen lassen, es macht ihn schwerer verdaulich. Das Kohlrabigemüse paßt zu Kartoffel-, Grünkern- oder Buchweizengerichten.

Gemüse 71

Chinakohlgemüse

Zubereitungszeit:
ca. 10 Minuten

Für 2 Personen

---
350 g Chinakohl
4 Schalotten
4 EL kaltgepreßtes Sonnenblumenöl
½ TL Kleehonig
1 EL Apfelessig
1 EL mittelscharfer Senf
etwas Kräutersalz
etwas weißer Pfeffer aus der Mühle
10 Kirschtomaten
2 EL saure Sahne

---

1. Den Chinakohl waschen, putzen und in Streifen schneiden.
2. Die Schalotten schälen, in Scheiben schneiden.
3. Das Sonnenblumenöl zusammen mit dem Kleehonig in einem größeren Topf erhitzen und die Schalotten darin anschwitzen.
4. Den Chinakohl dazugeben und im geschlossenen Topf in etwa 4 Minuten bißfest dünsten.
5. Den Essig und den Senf dazugeben und alles mit Kräutersalz und Pfeffer abschmecken.
6. Kurz vor dem Anrichten die Tomaten waschen und zum Chinakohl geben. Das Gemüse nochmals kurz schmoren, danach die saure Sahne darunterrühren und alles sofort anrichten.

ca. 305 kcal · 1280 kJ

Tip
Chinakohl kann auch mit Ingwerwurzel und Kreuzkümmel gewürzt werden. Diese asiatische Version paßt ebenso wie das obengenannte Rezept gut zu Buchweizennockerln (Seite 94).

Reste-Tip
Aus dem restlichen Chinakohl können Sie einen Salat (Seite 39) zubereiten.

Für Berufstätige
Das Chinakohlgemüse kann auch kalt mit einem Brötchen in der Mittagspause gegessen werden.

Fenchelgemüse mit Tomaten

Zubereitungszeit:
ca. 15 Minuten

Für 2 Personen

1 mittelgroße Fenchelknolle (ca. 200 g)
1 Tomate
4 EL Butter
etwas Kräutersalz
etwas weißer Pfeffer aus der Mühle

1. Die Fenchelknolle waschen, die äußeren Blätter entfernen, das schöne Fenchelgrün beiseite legen und die Knolle achteln.
2. Die Fenchelstücke etwa 6 Minuten dämpfen, sie sollten gar, aber noch bißfest sein.
3. Inzwischen die Tomate enthäuten. Dazu den Stielansatz herausschneiden und die Tomatenhaut oben kreuzförmig einritzen. Die Tomate für 12 Sekunden in kochendes Wasser legen, herausnehmen, abschrecken und die Haut abziehen. Die Kerne entfernen und die Tomate in 2 cm breite Streifen schneiden.
4. Das Fenchelgrün fein hacken.
5. Die Butter in einer Pfanne schmelzen und die Fenchelstücke mehrmals darin wenden.
6. Die Tomatenstreifen und das Fenchelgrün ganz zum Schluß dazugeben und alles mit Kräutersalz und Pfeffer abschmecken.

ca. 260 kcal · 1090 kJ

Tip
Dieses einfache Rezept bringt den feinen Geschmack des Fenchels sehr gut zur Geltung. Reichen Sie das Gemüse zu Polenta (Seite 90) oder zu Kartoffeln.

Für Berufstätige
Das Fenchelgemüse schmeckt auch kalt sehr gut und eignet sich daher zum Mitnehmen.

Bunte Kartoffeltorte

Zubereitungszeit:
ca. 20 Minuten
Backzeit: ca. 1 Stunde

Für 2 Personen

4 mittelgroße Kartoffeln (ca. 400 g)
½ kleine Aubergine (ca. 100 g)
1 mittelgroße Karotte (ca. 150 g)
1 kleiner Zucchino (ca. 100 g)
¼ Knoblauchzehe
125 g süße Sahne
1 TL frisch abgezupfte Thymianblättchen
etwas Kräutersalz
etwas schwarzer Pfeffer aus der Mühle
etwas weiche Butter zum Ausfetten

1. Den Backofen auf 200°C vorheizen.
2. Die Kartoffeln und das Gemüse waschen, die Kartoffeln schälen.
3. Die Kartoffeln und die Auberginen quer in sehr dünne Scheiben schneiden. Die Karotte und den Zucchino längs in sehr dünne Scheiben schneiden.
4. Die Knoblauchzehe schälen und zerdrücken, mit der Sahne, den Thymianblättchen sowie Salz und Pfeffer (nicht zu zaghaft verwenden) mischen.
5. Eine kleine Springform (Durchmesser etwa 20 cm) sorgfältig mit etwas Butter fetten.
6. Die Kartoffeln und das Gemüse schuppenartig einschichten, dabei mit einer Lage Kartoffeln beginnen, sie mit etwas Knoblauchsahne beträufeln. Nun folgen wieder Kartoffeln, dann Karotten, zwei Lagen Kartoffeln, eine Lage Aubergine, vier Lagen Kartoffeln, eine Lage Zucchino und wieder zwei Lagen Kartoffeln. Jede Lage wird mit etwas Knoblauchsahne beträufelt.
7. Die Springform fest mit Alufolie verschließen und die Torte im vorgeheizten Ofen bei 200°C etwa 60 Minuten backen, während der letzten 5 Minuten ohne Alufolie.
8. Die Kartoffeltorte am Rand lösen, aus der Form nehmen und in Stücke schneiden.

ca. 400 kcal · 1665 kJ

Tip
Reichen Sie dazu einige gedämpfte Brokkoliröschen, und setzen Sie die Kartoffeltorte auf Tomatenschaum (Seite 79).

Variationen
Sie können natürlich auch ein klassisches Kartoffelgratin zubereiten, das nur aus Kartoffeln besteht. Die Scheiben werden nach dem Einschichten in eine feuerfeste Auflauf- oder Gratinform mit Sahne übergossen.
Mögen Sie gerne Meerrettich? Dann streuen Sie beim Kartoffelgratin auf jede Kartoffelschicht nicht zu zaghaft etwas von der frisch geriebenen Wurzel. Dieses Meerrettichgratin paßt ganz wunderbar zu gedämpftem Rosenkohl.

74 Gemüse

Kartoffelgerichte 75

Kartoffel-Gemüse-Rösti

Zubereitungszeit:
ca. 10 Minuten

Für 2 Personen

2 mittelgroße Kartoffeln
(ca. 200 g)
1 kleine Karotte (ca. 70 g)
½ kleiner Zucchino
(ca. 50 g)
1 Zwiebel
2 kleine Petersilienwurzeln
(ca. 70 g)
1 TL Thymianblättchen
etwas schwarzer Pfeffer
aus der Mühle
etwas Kräutersalz
ungehärtetes Kokosfett
zum Braten

1. Die Kartoffeln und das Gemüse gut waschen, die Zwiebel und die Kartoffeln schälen. Alles mit der Rohkostreibe grob raspeln.
2. Den Thymian zu dieser Masse geben und sie mit Pfeffer und Kräutersalz abschmecken.
3. Das Kokosfett in einer Pfanne erhitzen.
4. Aus der Kartoffelmasse mit der Hand dünne, flache Rösti formen (Durchmesser etwa 10 cm) und sie von beiden Seiten knusprig braten.

ca. 195 kcal · 825 kJ

Tip
Rösti sind schnell zubereitet und können zusammen mit Spinat (Seite 70) als Hauptmahlzeit gereicht werden.
Wichtig! Legen Sie die Kartoffeln nach dem Schälen nicht in Wasser, denn sonst wird die Stärke ausgewaschen und die Kartoffelstifte verbinden sich beim Braten nicht mehr so gut. Dieses Rezept ist für 1 bis 2 Portionen ideal. Bei einer größeren Menge wird die Zubereitung problematisch, da die Rösti nur ganz frisch gebraten gut schmecken und nicht auf Vorrat hergestellt werden können.

Reste-Tip
Den restlichen Zucchino können Sie für den Couscous (Seite 85) verwenden.

Annakartoffeln

Zubereitungszeit:
ca. 15 Minuten
Backzeit: ca. 30 Minuten

Für 2 Personen

---

1 mittelgroße Zwiebel
2 EL kaltgepreßtes Sonnenblumenöl
etwas Kräutersalz
etwas weißer Pfeffer aus der Mühle
etwas zerlassene Butter zum Ausfetten
3 mittelgroße Kartoffeln (ca. 300 g)
etwa 4 bis 6 EL Gemüsetee (Seite 52)

---

1. Den Backofen auf 180°C vorheizen.
2. Die Zwiebel schälen und in feine Würfel schneiden.
3. Das Öl in einer Pfanne erhitzen und die Zwiebel darin anschwitzen. Sie dann mit Kräutersalz und dem weißen Pfeffer kräftig abschmecken.
4. Zwei feuerfeste Tassen oder kleine Souffleförmchen sorgfältig mit Butter ausfetten.
5. Die Kartoffeln waschen, schälen und in hauchdünne Scheiben hobeln.
6. Die Tassenböden und -wände mit einigen Kartoffelscheiben dicht auslegen. Dann mit einem Teelöffel einige Zwiebelwürfel hineingeben. Darauf wieder Kartoffelscheiben legen, dann wieder Zwiebelwürfel und so fortfahren, bis die Tassen bzw. Förmchen gefüllt sind. Die letzte Schicht sollte aus Kartoffeln bestehen.
7. Den Gemüsetee über die Kartoffeln gießen, die letzte Scheibe sollte dann gerade bedeckt sein.
8. Die Tassen oder Förmchen in eine mit heißem Wasser gefüllte Form oder Fettpfanne setzen und mit Alufolie gut verschließen.
9. Die Kartoffeln im Ofen etwa 30 Minuten garen.
10. Die Kartoffeln mit einem stumpfen Messer am Rand lösen und auf zwei vorgewärmte Teller stürzen.

---

ca. 240 kcal · 1000 kJ

Tip
Zu Annakartoffeln paßt gedämpftes Kohl- oder Wurzelgemüse, das vor dem Anrichten mit etwas Butter bepinselt wird.

Kartoffelgerichte

Bouillonkartoffeln

Zubereitungszeit:
ca. 10 Minuten
Backzeit: ca. 30 Minuten

Für 2 Personen

3 bis 4 mittelgroße Kartoffeln (ca. 350 g)
1 kleine Karotte (ca. 70 g)
2 kleine Petersilienwurzeln (ca. 70 g)
1 kleines Stück Lauch (ca. 50 g)
1 Zweig Thymian und einige Petersilienblättchen
1 Lorbeerblatt
etwas Kräutersalz
etwas weißer Pfeffer aus der Mühle
200 ml Gemüsetee (Seite 52)
1 EL kaltgepreßtes Sonnenblumenöl

1. Den Backofen auf 200°C vorheizen.
2. Die Kartoffeln und das Gemüse waschen, die Kartoffeln schälen.
3. Die Kartoffeln vierteln, das Gemüse schräg in 1 cm dicke Scheiben schneiden. Alles in eine flache feuerfeste Form geben.
4. Den Thymianzweig, die Petersilienblätter und das Lorbeerblatt sowie Salz und Pfeffer dazugeben. Alles mit dem Gemüsetee begießen und das Öl darüberträufeln.
5. Die Form fest mit Alufolie verschließen und die Kartoffeln im Ofen etwa 30 Minuten garen.
(auf dem Foto: oben)

ca. 210 kcal · 880 kJ

Tip
Bouillonkartoffeln sind ein eigenständiges Gericht, das ohne weitere Beilagen serviert werden kann.

Kartoffelgulasch

Zubereitungszeit:
ca. 35 Minuten

Für 2 Personen

500 g Kartoffeln
2 mittelgroße Zwiebeln
4 EL kaltgepreßtes Sonnenblumenöl
$1/4$ l Gemüsetee (Seite 52)
1 Msp. Kleehonig
1 EL Paprikapulver edelsüß
etwas Kräutersalz
etwas Cayennepfeffer
1 TL Kümmel, im Mörser grob zerstoßen
1 EL saure Sahne oder Crème fraiche
2 EL gehackte Petersilie

1. Die Kartoffeln waschen, schälen und in etwa 1 $1/2$ cm große Würfel schneiden.
2. Die Zwiebeln schälen und in Streifen schneiden.
3. Das Sonnenblumenöl in einem passenden Topf erhitzen und die Zwiebelstreifen darin anschwitzen.
4. Die Kartoffelwürfel dazugeben, kurz anschwitzen, dann alles mit dem Gemüsetee ablöschen. Den Topf mit einem Deckel schließen und die Kartoffeln bei mittlerer Hitze in etwa 10 Minuten weich garen.
5. Das Gulasch mit Honig, Paprika, Kräutersalz, Cayennepfeffer und Kümmel abschmecken und mit der sauren Sahne oder der Crème fraiche verfeinern. Das Gulasch noch etwa 10 Minuten auf der ausgeschalteten Herdplatte ziehen lassen.
6. Es in zwei vorgewärmten tiefen Tellern anrichten und mit Petersilie bestreuen.
(auf dem Foto: unten)

ca. 440 kcal · 1835 kJ

78 Gemüse

Luftiger Tomatenschaum

Zubereitungszeit:
ca. 10 Minuten

Für 2 Personen

2 Tomaten (ca. 100 g)
1/8 l Gemüsetee (Seite 52)
1 Msp. Kleehonig
etwas Vollmeersalz
1/2 TL Pfeilwurzmehl
1 EL geschlagene Sahne

1. Die Tomaten waschen, den Stielansatz herausschneiden und die Tomaten in Stücke schneiden.
2. Die Tomatenstücke zusammen mit dem Gemüsetee im Mixer pürieren, durch die Flotte Lotte oder durch ein Sieb passieren.
3. Die Flüssigkeit in einen passenden Topf gießen und mit Kleehonig und Salz abschmecken.
4. Das Pfeilwurzmehl mit wenig Wasser klümpchenfrei verrühren und die Sauce einmal damit aufkochen. Sie dann gleich vom Feuer nehmen, sonst verliert sie ihre schaumige Konsistenz.
5. Ganz kurz vor dem Anrichten die geschlagene Sahne leicht darunterziehen, so daß die Sauce marmoriert ist.
(auf dem Foto: rechts)

ca. 50 kcal · 215 kJ

Tip
Der Geschmack dieser Sauce steht und fällt mit der Qualität der verwendeten Tomaten – also nur die aromatischsten Früchte nehmen. Und – kein Tomatenmark zur Verbesserung des Geschmacks hinzufügen, es ist im Geschmack viel zu kräftig.

Saucen 79

Klare Liebstöckelsauce

Zubereitungszeit: ca. 5 Minuten

Für 2 Personen

1/8 l Gemüsetee (Seite 52)
1 Zweig Liebstöckel
etwas Kräutersalz
etwas weißer Pfeffer aus der Mühle
1/2 TL Pfeilwurzmehl
1/2 TL Butter

1. Den Gemüsetee in einem kleinen Topf zum Kochen bringen.
2. Den Liebstöckelzweig waschen, zusammen mit dem Stiel fein schneiden und in den Gemüsetee geben.
3. Die Sauce mit Kräutersalz und Pfeffer würzen.
4. Das Pfeilwurzmehl mit wenig Wasser klümpchenfrei verrühren, die Sauce damit einmal aufkochen.
5. Sie sofort vom Feuer nehmen und die Butter dazugeben.
(auf dem Foto links oben)

ca. 15 kcal · 60 kJ

Tip
Liebstöckel hat einen sehr intensiven Geschmack und paßt zu Kartoffelgerichten.

Variation
Diese leichte, klare Sauce können Sie auch mit Dill (Stiel mitverwenden) oder mit ganz kleinen Würfeln von verschiedenfarbigen Gemüsearten zubereiten.

Reste-Tip
Den restlichen Liebstöckel streuen Sie ganz einfach, grobgezupft über ein Tomatenbrot – eine Delikatesse!

Kräutersauce auf zwei Arten

Zubereitungszeit: ca. 15 Minuten

Für 2 Personen

1 Schalotte
2 EL kaltgepreßtes Sonnenblumenöl
2 EL kleingezupfte Kräuter von einer Sorte (Petersilie, Basilikum, Estragon, Dill oder Majoran)
125 g süße Sahne
etwas Kräutersalz
etwas weißer Pfeffer aus der Mühle

1. Die Schalotte schälen und in sehr kleine Würfel schneiden.
2. Das Sonnenblumenöl in einem flachen Topf erhitzen und die Schalottenwürfel darin anschwitzen.
3. Die Kräuter dazugeben und einige Sekunden mitschwitzen, dann die Sahne angießen und die Sauce bei schwacher Hitze etwa 5 bis 10 Minuten kochen, dabei dickt sie ein wenig ein.
4. Die Sauce zum Schluß mit Kräutersalz und Pfeffer abschmecken.

oder

1. Die Schalotte schälen und in sehr kleine Würfel schneiden.
2. Das Sonnenblumenöl in einem flachen Topf erhitzen und die Schalottenwürfel darin anschwitzen.
3. Die Sahne dazugeben und einige Minuten einkochen lassen.
4. Die Kräuter zusamen mit der heißen Sahnesauce im Mixer pürieren und sie mit Kräutersalz und Pfeffer abschmecken.
(auf dem Foto links unten)

ca. 305 kcal · 1265 kJ

Hellgrüne Lauchsauce

Zubereitungszeit: ca. 10 Minuten

Für 2 Personen

40 g Lauch, nur den hellgrünen Teil der Lauchstange verwenden
$1/8$ l Gemüsetee (Seite 52)
1 Msp. Kleehonig
1 TL trockener Weißwein
etwas weißer Pfeffer aus der Mühle
etwas Kräutersalz
$1/2$ TL Pfeilwurzmehl
1 EL geschlagene Sahne

1. Den Lauch waschen, putzen und kleinschneiden.
2. Den Gemüsetee in einem kleinen Topf erhitzen und den Lauch darin 4 Minuten kochen.
3. Den gesamten Topfinhalt zusammen mit dem Kleehonig und dem Weißwein im Mixer pürieren, dann durch die Flotte Lotte oder durch ein Sieb passieren.
4. Die Sauce in den Topf zurückgießen und sie mit Pfeffer und Kräutersalz abschmecken.
5. Das Pfeilwurzmehl in wenig Wasser klümpchenfrei verrühren und die Sauce damit einmal aufkochen.
6. Kurz vor dem Anrichten die geschlagene Sahne darunterziehen.
(auf dem Foto rechts oben)

ca. 50 kcal · 220 kJ

Tip
Für diese Sauce auf keinen Fall die dunkelgrünen Enden des Lauchs verwenden, sie machen die Sauce leicht bitter.

Sauce von roten Paprikaschoten

Zubereitungszeit: ca. 10 Minuten

Für 2 Personen

$1/2$ rote Paprikaschote (ca. 90 g)
4 EL Gemüsetee (Seite 52)
1 TL Butter
etwas Vollmeersalz
1/3 TL Pfeilwurzmehl

1. Die Paprikaschote waschen, den Stiel und die Kerne entfernen. Dann die Schote kleinschneiden.
2. Den Gemüsetee und die Paprikastücke in einen kleinen Topf geben, diesen schließen und den Inhalt etwa 5 Minuten kochen.
3. Den Paprika zusammen mit dem Gemüsetee im Mixer pürieren und die Flüssigkeit durch die Flotte Lotte oder durch ein Sieb passieren.
4. Die Sauce in den Topf zurückgießen, die Butter und das Salz dazugeben.
5. Das Pfeilwurzmehl mit wenig Wasser klümpchenfrei verrühren und die Sauce damit einmal aufkochen.
(auf dem Foto rechts unten)

ca. 30 kcal · 120 kJ

Tip
Durch das Binden mit etwas Pfeilwurzmehl verhindern Sie, daß sich die Flüssigkeit wieder vom Fruchtfleisch trennt.

Variation
Nach diesem Rezept können Sie auch eine Sauce aus gelben Paprikaschoten zubereiten.

Saucen

GETREIDE

Die folgenden Rezepte, die von Risotto über Nudeln bis zu pikantem Gebäck reichen, zeigen, wie leicht, schmackhaft und vielfältig die Getreideküche sein kann. Getreide benötigt ein wenig Zeit zum Ausquellen, doch Berufstätige können bei richtiger Planung und Vorbereitung den Zeitaufwand reduzieren.

Häufig verwenden wir in diesem Kapitel Gemüsetee, der dem Getreide ein wunderbares Aroma verleiht. Ersetzen Sie ihn aber nur, wenn unbedingt notwendig, durch Wasser, auf keinen Fall jedoch durch gekörnte Fertigprodukte. Sie verändern zu stark den Eigengeschmack des Getreides.

Couscous auf unsere Art

Zubereitungszeit:
ca. 15 Minuten

Für 2 Personen

---
250 g Couscous (Hartweizengrieß)
1/8 l Gemüsetee oder Wasser (Seite 52)
1/2 kleiner Zucchino (ca. 75 g)
1/2 kleine rote Paprikaschote (ca. 75 g)
1/2 kleine gelbe Paprikaschote (ca. 75 g)
1 EL kaltgepreßtes Olivenöl
etwas Kräutersalz
etwas Cayennepfeffer
---

1. Den Couscous für 5 Minuten in dem Gemüsetee oder im Wasser einweichen.
2. Inzwischen das Gemüse waschen, putzen und in möglichst kleine Würfel schneiden.
3. Das gesamte Gemüse etwa 1 Minute dämpfen.
4. Den Couscous in ein Küchentuch hüllen und ihn 4 bis 5 Minuten dämpfen.
5. Die Gemüsewürfel unter den Couscous heben und alles mit dem Olivenöl, dem Kräutersalz und nicht zu zaghaft mit dem Cayennepfeffer abschmecken. Der Couscous sollte leicht scharf sein.
(auf dem Foto: unten)

---
ca. 510 kcal · 2165 kJ

Tip
Dieses superschnelle Rezept wird Sie begeistern, denn es schmeckt nicht nur sehr gut, sondern es kann auch für mehrere Portionen einfach zubereitet werden. Achten Sie aber darauf, daß Sie den Couscous niemals länger als 4 bis 5 Minuten dämpfen, sonst kleben die kleinen Körnchen aneinander.

Reste-Tip
Restliches Gemüse läßt sich für den Gemüsetee (Seite 52) verwenden.

Für Berufstätige
Couscous schmeckt auch kalt hervorragend. Er kann dann eventuell noch mit etwas Limetten- oder Zitronensaft und Olivenöl angemacht werden.

Zarte Hirsepfannkuchen

Zubereitungszeit:
ca. 10 Minuten
Quellzeit: ca. 40 Minuten

Für 2 Personen

1/8 l Milch
1 Msp. Vollmeersalz
75 g Hirse
1 Ei
etwas ungehärtetes Kokosfett zum Ausbacken
---

1. Die Milch auf Handtemperatur erwärmen und das Salz darin auflösen.
2. Die Hirse fein mahlen, darunterrühren und mindestens 40 Minuten ausquellen lassen.
3. Kurz vor dem Backen das Ei mit einem Schneebesen unter den Teig rühren.
4. Das Kokosfett in einer Pfanne erhitzen. Mit einem Schöpflöffel ein wenig von dem Pfannkuchenteig hineingießen und gleichmäßig dünn auf dem Pfannenboden verteilen. Den Pfannkuchen auf beiden Seiten knusprig backen.
(auf dem Foto: oben)

---
ca. 305 kcal · 1290 kJ

Tip
Sie können diese Hirsepfannkuchen mit Rahmspinat (Seite 70) oder gebratenen Pilzen (Seite 67) als Hauptgang servieren. Aber auch als Dessert schmecken sie sehr gut. Backen Sie dazu kleinere dünne Pfannkuchen aus, und füllen Sie sie mit geschlagener Sahne und Erdbeeren.

Reste-Tip
Haben Sie Pfannkuchenreste übrig? Dann schneiden Sie sie in Streifen, und geben Sie sie als Einlage in eine klare Gemüseessenz (Seite 53).
Wenn Sie die Pfannkuchenstreifen nicht gleich verwenden können, frieren Sie sie ein. In einer heißen Suppe tauen sie sehr schnell auf.

Für Berufstätige
Damit Sie nach einem langen Arbeitstag bei der Zubereitung Zeit sparen, sollten Sie die Hirse bereits morgens mit der Milch verrühren und sie tagsüber im Kühlschrank ausquellen lassen.
Da die Pfannkuchen auch kalt sehr gut schmecken, bietet es sich an, etwas mehr zu backen und sie am nächsten Tag an den Arbeitsplatz mitzunehmen. Füllen Sie sie dann mit einigen Salatblättern und einer Mischung aus 125 g Quark, 4 Eßlöffeln saurer Sahne, 4 Eßlöffeln Tomatenwürfeln, etwas Dill und Kapern.

Getreide 85

Hirsenockerln

Zubereitungszeit:
ca. 35 Minuten
Quellzeit:
mindestens 20 Minuten

Für 2 Personen

½ kleine Karotte (ca. 30 g)
1 kleines Stück Knollensellerie (ca. 20 g)
2 EL kaltgepreßtes Sonnenblumenöl
1 Lorbeerblatt
100 g Hirse
200 ml Gemüsetee (Seite 52)
2 EL trockener Weißwein
1 Tomate
1 kleines Stück Lauch (ca. 20 g)
3 EL saure Sahne
etwas Kräutersalz
etwas weißer Pfeffer aus der Mühle

1. Das Wurzelgemüse waschen, putzen und in kleine Würfel schneiden.
2. Das Sonnenblumenöl in einem passenden Topf erhitzen und die Gemüsewürfel zusammen mit dem Lorbeerblatt darin anschwitzen.
3. Die Hirse dazugeben. Alles mit dem Gemüsetee und dem Weißwein ablöschen und einmal aufkochen. Den Topf schließen, die Platte ausschalten und die Hirse auf der ausgeschalteten Platte etwa 20 Minuten quellen lassen.
4. Inzwischen die Tomate enthäuten. Dazu den Stielansatz herausschneiden und die Haut über kreuz einschneiden. Die Tomate für 12 Sekunden in kochendes Wasser geben, herausnehmen, abschrecken und die Haut abziehen. Die Kerne entfernen und die Tomate in Würfel schneiden.
5. Den Lauch waschen und in sehr kleine Würfel schneiden.
6. Falls nötig, die Hirse nochmals erhitzen, dann den Lauch dazugeben.
7. Wenn alles heiß ist, die Tomate und die saure Sahne hinzufügen. Dann den Topf vom Herd ziehen.
8. Die Hirsemasse mit Kräutersalz und Pfeffer abschmecken.
9. Mit zwei heißen Eßlöffeln davon Nockerln abstechen und sie auf zwei Tellern anrichten.
(auf dem Foto: unten)

ca. 355 kcal · 1485 kJ

Tip
Zu den Hirsenockerln servieren Sie zum Beispiel eine Kräutersauce (Seite 80) und grünen Spargel, Kohlrabi oder Lauchgemüse.

Für Berufstätige
Sie sparen Zeit, wenn Sie die Hirse bereits morgens vorbereiten und aufkochen lassen. Sie quillt dann während des Tages aus und braucht abends nur kurz aufgewärmt werden.

86 Getreide

Hirseschnitten mit Senfkruste

Zubereitungszeit:
ca. 30 Minuten
Quellzeit:
mindestens 20 Minuten

Für 2 Personen

Für die Hirse:
je 1 kleines Stück Knollensellerie und Lauch (ca. 60 g insgesamt)
2 EL kaltgepreßtes Sonnenblumenöl
1 Lorbeerblatt
100 g Hirse
220 ml Gemüsetee (Seite 52)
3 EL saure Sahne
etwas Kräutersalz
etwas weißer Pfeffer aus der Mühle
etwas weiche Butter zum Ausfetten

Für die Senfkruste:
4 EL mittelscharfer Senf
3 EL Vollkornsemmelbrösel
2 EL gehackte Petersilie
2 EL Butter (20 g)

1. Das Gemüse waschen, putzen und in kleine Würfel schneiden.
2. Das Sonnenblumenöl in einem passenden Topf erhitzen, die Gemüsewürfel und das Lorbeerblatt darin anschwitzen.
3. Die Hirse dazugeben. Alles mit dem Gemüsetee ablöschen, einmal aufkochen, dann den Topf schließen, die Platte ausschalten und die Hirse auf der ausgeschalteten Herdplatte etwa 20 Minuten quellen lassen.
4. Die saure Sahne dazugeben und die Hirse mit Kräutersalz und Pfeffer abschmecken.
5. Ein Backblech mit der Butter ausfetten. Den Backofen auf 200°C vorheizen.
6. Die Hirsemasse mit einem Teigschaber, der immer wieder in kaltes Wasser getaucht wird, auf das Blech streichen, sie sollte eine Fläche von etwa 20 x 20 cm ergeben.
7. Den Senf auf die Hirse streichen.
8. Die Semmelbrösel mit der Petersilie mischen und über den Senf streuen.
9. Die Butter in kleinen Flöckchen darauf setzen und die Hirse etwa 15 Minuten überbacken.
10. Die Hirse in 6 cm große Quadrate schneiden.
(auf dem Foto: oben)

ca. 500 kcal · 2100 kJ

Tip
Dazu passen eine Kräutersauce (Seite 80) und gedämpftes Wurzelgemüse.

Variation
Die Hirseschnitten schmekken auch mit einer Tomaten-Parmesan-Kruste sehr gut. Bestreichen Sie dazu die Hirsemasse mit je 2 Eßlöffeln Tomatenmark und saurer Sahne, und bestreuen Sie alles mit einer Mischung aus 2 Eßlöffeln frisch geriebenem Parmesan, 2 Eßlöffeln Vollkornsemmelbröseln und 4 feingeschnittenen Basilikumblättern. Ein wenig Olivenöl darüber, alles überbacken, und fertig ist diese köstliche südländische Variation.

Für Berufstätige
Die Hirseschnitten können sehr gut kalt am Arbeitsplatz gegessen werden, genießen Sie dazu einen kleinen Salat.

Getreide 87

Hirselaiberln mit Apfelscheiben

Zubereitungszeit:
ca. 35 Minuten
Quellzeit:
mindestens 20 Minuten

Für 2 Personen

je 1 kleines Stück Karotten, Knollensellerie und Lauch (ca. 60 g insgesamt)
2 EL kaltgepreßtes Sonnenblumenöl
1 Lorbeerblatt
100 g Hirse
220 ml Gemüsetee (Seite 52)
4 EL Quark
1 TL scharfer Senf
etwas Kräutersalz
etwas weißer Pfeffer aus der Mühle
1 kleiner säuerlicher Apfel (Boskoop)
Saft von ½ Zitrone
etwas ungehärtetes Kokosfett zum Braten
1 Bund frischer Majoran

1. Das Gemüse waschen, putzen und in kleine Würfel schneiden.
2. Das Sonnenblumenöl in einem passenden Topf erhitzen und die Gemüsewürfel zusammen mit dem Lorbeerblatt darin kurz anschwitzen.
3. Die Hirse dazugeben, alles mit dem Gemüsetee ablöschen und einmal aufkochen. Den Topf schließen, die Platte ausschalten und die Hirse etwa 20 Minuten auf der ausgeschalteten Herdplatte quellen lassen.
4. Anschließend den Quark, den Senf, das Kräutersalz und den Pfeffer dazugeben.
5. Aus der Hirsemasse 6 cm große Laibchen formen und diese für 10 Minuten kühl stellen.
6. Inzwischen den Apfel schälen, das Kerngehäuse herausstechen und den Apfel in 1 cm breite Ringe schneiden. Die Ringe sofort mit dem Zitronensaft beträufeln.
7. Das Kokosfett in einer Pfanne erhitzen und die Hirselaibchen darin von beiden Seiten knusprig braten. Sie dann auf Küchenkrepp abtropfen lassen.
8. Inzwischen die Apfelringe in die Pfanne legen und ebenfalls einige Minuten braten. Die Blättchen vom Majoranzweig dazugeben und ganz kurz mitbraten.
9. Die Hirselaiberln mit den Apfelscheiben belegt anrichten.

ca. 465 kcal · 1960 kJ

Variation
Die Hirselaiberln mit Chicoréegemüse (Seite 71) oder mit gedämpften Karotten und einer Liebstöckelsauce (Seite 80) anrichten.

Reste-Tip
Verwenden Sie den restlichen Quark als Brotbelag, und bestreuen Sie ihn mit feingehackten Kräutern oder verwenden Sie ihn für den Apfelkuchen mit Quark (Seite 125) oder für einen Quarkpudding (Seite 119).

Für Berufstätige
Sie sparen abends Zeit, wenn Sie bereits morgens die Hirse vorbereiten und aufkochen. Sie quillt dann den Tag über aus. Sollten einige Laiberln übrig bleiben, nehmen Sie sie am nächsten Tag als kalte Mahlzeit an den Arbeitsplatz mit.

Polentagratin

Zubereitungszeit:
ca. 25 Minuten
Quellzeit: ca. 20 Minuten

Für 2 Personen

200 ml Gemüsetee
(Seite 52)
200 ml Milch
80 g Mais oder Polentagrieß
1 TL Fenchelsamen
1 EL kalte Butter
4 EL frisch geriebener
Parmesan
etwas Vollmeersalz, falls
nötig
etwas weiche Butter zum
Ausfetten
½ kleiner Zucchino
(ca. 50 g)
1 Zweig Rosmarin
2 EL geschlagene süße
Sahne

1. Den Gemüsetee und die Milch in einem passenden Topf zum Kochen bringen.
2. Inzwischen die Maiskörner zusammen mit den Fenchelsamen grob schroten.
3. Wenn die Flüssigkeit kocht, das Mais-Fenchel-Schrot oder den fertigen Grieß mit den zerdrückten Fenchelsamen darunterrühren. Die Platte ausschalten und den Mais im geschlossenen Topf etwa 20 Minuten auf der ausgeschalteten Herdplatte quellen lassen.
4. Dann die Butter und 2 Eßlöffel Parmesan in den Mais rühren. Falls nötig, ihn mit etwas Vollmeersalz abschmecken.
5. Eine flache feuerfeste Form (etwa 15 x 15 cm) mit der Butter auspinseln, die Polenta hineinfüllen und glattstreichen. Die Schicht sollte etwa 1 cm hoch sein. Die Polenta etwas abkühlen lassen, dabei wird sie auch ein wenig fester.
6. Inzwischen den Zucchino waschen, putzen und in sehr dünne Scheiben hobeln.
7. Vom Rosmarin die Nadeln abziehen und sie etwas kleinschneiden.
8. Den Backofen auf 220°C vorheizen.
9. Auf die Polenta zuerst den Rosmarin streuen, dann die Zucchinoscheiben schuppenartig darauf legen. Die geschlagene Sahne darauf streichen und sie mit dem restlichen Parmesan bestreuen. Alles im Backofen 10 bis 15 Minuten gratinieren.
10. Das Polentagratin aus dem Ofen nehmen und einige Minuten leicht abkühlen lassen, dann können Sie es besser schneiden. Die Stücke auf zwei vorgewärmten Tellern anrichten.

ca. 410 kcal · 1720 kJ

Tip
Haben Sie das Gratin in zwei schönen kleinen Auflaufformen gebacken, dann können Sie es auch darin servieren.
Wenn Sie auf Vorrat kochen wollen, bereiten Sie das Gratin ohne Gemüsebelag zu, gratinieren es und frieren es ein. Es schmeckt gut zu verschiedensten Gemüsesorten oder zu einem sommerlichen Ratatouille aus Tomaten, grünen Bohnen, Zucchini sowie Auberginen.

Variationen
Sie können die Polenta auch einmal mit gebratenen Pilzen belegen.

Für Berufstätige
Auch Mais läßt sich wie alle anderen Getreide gut vorbereiten. Kochen Sie ihn morgens auf, und lassen Sie ihn tagsüber auf der Herdplatte ausquellen.

Grünkernrisotto

Zubereitungszeit:
ca. 15 Minuten
Quellzeit:
mindestens 50 Minuten

Für 2 Personen

je 1 kleines Stück Karotte, Petersilienwurzel und Lauch (ca. 60 g insgesamt)
4 EL kaltgepreßtes Sonnenblumenöl
1 Lorbeerblatt
150 g Grünkern
350 ml Spargelfond (Seite 96) oder Gemüsetee (Seite 52)
2 EL zerlassene Butter
2 TL Sonnenblumenkerne
etwas weißer Pfeffer aus der Mühle
etwas Kräutersalz
2 EL geschlagene süße Sahne
2 EL Kerbelblättchen

1. Das Gemüse waschen und putzen. Die Karotte und die Petersilienwurzel in 1/2 cm große Würfel schneiden, den Lauch beiseite legen.
2. Das Sonnenblumenöl in einem passenden Topf erhitzen und das Wurzelgemüse zusammen mit dem Lorbeerblatt darin anschwitzen. Den Grünkern und die Flüssigkeit dazugeben und alles einmal aufkochen. Die Herdplatte ausschalten und das Getreide im geschlossenen Topf auf der ausgeschalteten Herdplatte mindestens 50 Minuten quellen lassen.
3. Die Sonnenblumenkerne in einer heißen Pfanne ohne weitere Fettzugabe goldbraun rösten.
4. Den Lauch nun in Würfel schneiden.
5. Nach der Quellzeit den Grünkern, falls nötig, wieder erhitzen und so lange rühren, bis die noch vorhandene Flüssigkeit aufgesogen ist. Jetzt den Lauch dazugeben.
6. Die Butter und die Sonnenblumenkerne unter den Grünkern mischen und alles mit dem Pfeffer und dem Kräutersalz abschmecken.
7. Kurz vor dem Anrichten die geschlagene Sahne darunterziehen. Den Risotto mit Kerbelblättchen bestreut servieren.

ca. 695 kcal · 2920 kJ

Tip
Dazu schmecken auch Spargelstücke, die Sie unter den fertigen Risotto mischen, oder gedämpfte Brokkoliröschen.

Für Berufstätige
Um die Quellzeit zu verkürzen, können Sie den Grünkern über Nacht bereits in kaltem Gemüsetee einweichen. Sie sparen dadurch etwa 20 Minuten Quellzeit. Oder Sie kochen den Grünkern morgens, bevor Sie aus dem Haus gehen, auf und lassen ihn auf der ausgeschalteten Platte bis zum Mittag oder Abend quellen. Dieses Gericht läßt sich sehr gut mitnehmen und wieder aufwärmen.

Rollgersteneintopf mit Wurzelgemüse

Zubereitungszeit:
ca. 15 Minuten
Quellzeit: ca. 1 Stunde

Für 2 Personen

½ Zwiebel
1 Lorbeerblatt
2 Nelken
100 g Rollgerste (Graupen)
400 ml Wasser oder Gemüsetee (Seite 52)
½ kleine Karotte (ca. 30 g)
1 kleine Petersilienwurzel oder 1 kleines Stück Sellerieknolle (ca. 30 g)
1 kleines Stück Lauch (ca. 20 g)
2 EL Sonnenblumenkerne
2 EL gehackte Petersilie
etwas weißer Pfeffer aus der Mühle
etwas Kräutersalz

1. Die Zwiebel schälen, und das Lorbeerblatt mit den Nelken darauf stecken.
2. Die Rollgerste zusammen mit der Zwiebel und dem Wasser oder dem Gemüsetee in einen passenden Topf geben.
3. Das Gemüse waschen, putzen und in etwa 1 cm große Würfel schneiden.
4. Die Gemüsewürfel zu der Gerste geben und alles einmal aufkochen. Die Hitzezufuhr abschalten, den Topf schließen und die Gerste etwa 1 Stunde quellen lassen.
5. Die Sonnenblumenkerne in einer heißen Pfanne ohne weitere Fettzugabe goldbraun rösten. Die Zwiebel aus dem Eintopf nehmen.
6. Den Eintopf wieder erhitzen und die Sonnenblumenkerne und die Petersilie daruntermischen. Ihn mit dem Pfeffer und dem Kräutersalz kräftig abschmecken.
7. Den Eintopf in zwei tiefen Tellern anrichten. (auf dem Foto: unten)

ca. 340 kcal · 1450 kJ

Für Berufstätige
Sie sparen Zeit, wenn Sie diesen Eintopf vorbereiten (Punkte 1 bis 4), so daß die Gerste den Tag über ausquellen kann.
Dieses Gericht kann sehr gut mitgenommen und am Arbeitsplatz aufgewärmt werden.

Grünkernnockerln auf Gurkengemüse

Zubereitungszeit: ca. 20 Minuten
Quellzeit: ca. 20 Minuten

Für 2 Personen

Für die Grünkernnockerln:
je 1 kleines Stück Karotten, Knollensellerie und Lauch (ca. 60 g insgesamt)
3 EL kaltgepreßtes Sonnenblumenöl
1 Lorbeerblatt
80 g Grünkern
160 ml Gemüsetee (Seite 52)

Für das Gurkengemüse:
1/3 Salatgurke (ca. 200 g)
2 EL kaltgepreßtes Sonnenblumenöl
1 TL Senfkörner
1 TL mittelscharfer Senf

Außerdem:
2 EL Dillblätter
1 EL saure Sahne
etwas Kräutersalz
2 EL geschlagene süße Sahne

1. Das Gemüse waschen, putzen und in möglichst kleine Würfel schneiden.
2. Das Sonnenblumenöl in einem passenden Topf erhitzen, die Karotte und den Sellerie zusammen mit dem Lorbeerblatt darin anschwitzen.
3. Inzwischen den Grünkern grob schroten und sofort zum Gemüse geben.
4. Alles mit dem Gemüsetee ablöschen und einmal aufkochen. Den Topf von der Herdplatte ziehen und das Getreide im geschlossenen Topf etwa 20 Minuten oder den ganzen Tag über quellen lassen.
5. Nach der Quellzeit den Grünkern, falls nötig, wieder erhitzen, dabei den Lauch dazugeben.
6. Die Gurke schälen, längs halbieren und die Kerne mit einem Löffel herausnehmen. Die Gurke in etwa 1/2 cm dicke Scheiben schneiden.
7. Das Öl in einem flachen Topf erhitzen und die Gurkenscheiben zusammen mit den Senfkörnern darin anschwitzen. Den Senf hinzufügen und alles einige Minuten einkochen lassen.
8. Die Dillblätter fein hacken und mit der sauren Sahne unter den Grünkern mischen.
9. Kurz vor dem Servieren die geschlagene Sahne unter das Gemüse ziehen und es, falls nötig, mit Kräutersalz abschmecken.
10. Das Gurkengemüse auf zwei vorgewärmten Tellern anrichten. Von der Grünkernmasse mit zwei heißen Löffeln Nockerln abstechen und sie auf das Gurkengemüse setzen.
(auf dem Foto: oben)

ca. 465 kcal · 1950 kJ

Reste-Tip
Die restliche Gurke können Sie als Salat (Seite 41) zubereiten.

Getreide

Buchweizenblini gefüllt mit roten Beten und Pilzen

Zubereitungszeit:
ca. 20 Minuten
Zeit zum Ruhen:
mindestens ½ Stunde

Für 2 Personen

Für die Blini:

¼ l Milch
10 g Hefe
½ TL Kleehonig
50 g Buchweizenmehl
50 g Dinkelmehl
1 Eigelb
1 TL zerlassene Butter
etwas ungehärtetes Kokosfett zum Backen

Außerdem:

80 g rote Bete
100 g braune Champignons
3 EL kaltgepreßtes Sonnenblumenöl
½ TL Steinpilzöl
1 TL Balsamessig (Aceto balsamico)
etwas weißer Pfeffer aus der Mühle
etwas Kräutersalz
1 Eiweiß
1 Msp. Vollmeersalz
2 EL saure Sahne
1 EL gehackte Petersilie

1. Die Milch so lange erwärmen, bis sie lauwarm ist, und die Hefe und den Honig darin auflösen.
2. Das gesamte Mehl darunterrühren und den Teig mindestens 30 Minuten gehen lassen.
3. Das Eigelb und die Butter dazugeben.
4. Die roten Beten unter fließendem Wasser abbürsten, schälen, halbieren und in dünne Scheiben schneiden. Sie etwa 4 Minuten dämpfen.
5. Die Pilze mit einem feuchten Küchentuch abreiben und in dünne Scheiben schneiden.

6. Das gesamte Öl in einer Pfanne erhitzen, und die Champignons darin kurz anschwitzen, mit dem Balsamessig ablösen und alles mit Pfeffer und Kräutersalz würzen.
7. Für die Blini jetzt das Eiweiß zusammen mit dem Salz steif schlagen und unter den Teig ziehen.
8. Das Kokosfett in einer Pfanne erhitzen. Mit einer Schöpfkelle mittelgroße Teighäufchen hineinsetzen. Der Teig läuft beim Backen noch ein wenig auseinander, so daß die Blini dann einen Durchmesser von etwa 10 bis 15 cm haben. Die Blini auf jeder Seite 1 Minute goldbraun backen, dann auf Küchenkrepp abtropfen lassen.
9. Je ein Blini auf einem vorgewärmten Teller anrichten, dann die roten Beten darauf setzen und sie mit etwas saurer Sahne bestreichen. Ein zweites Blini darauf setzen, mit Pilzen belegen und mit saurer Sahne bestreichen. Zum Abschluß wieder ein Blini darauf setzen und es mit gehackter Petersilie bestreuen.
(auf dem Foto: unten)

ca. 580 kcal · 2425 kJ

Tip
Die Blini passen gut zu Rosenkohl mit Crème fraîche, zu Spinat, zu geschmorten Schalotten mit etwas Thymian, die mit einem Schuß Rotwein und Balsamessig abgelöscht wurden, oder – ganz edel – zu grünem oder weißem Spargel und einer schaumigen Sauce aus Orangensaft, Orangenschale und geschlagener Sahne.

Buchweizennockerln auf Selleriegemüse

Zubereitungszeit:
ca. 35 Minuten
Quellzeit: ca. 20 Minuten

Für 2 Personen

60 g Buchweizen
je 1 kleines Stück Knollensellerie, Karotten und Lauch (ca. 50 g insgesamt)
5 EL kaltgepreßtes Sonnenblumenöl
1 Lorbeerblatt
100 ml Gemüsetee
(Seite 52)
1 Schalotte
1 EL Vollkornbrotwürfel

Für das Gemüse:

1 kleiner Knollensellerie
(ca. 350 g)
2 EL kaltgepreßtes Sonnenblumenöl
4 EL Zitronensaft
1 Msp. Kleehonig
etwas Kräutersalz
etwas weißer Pfeffer aus der Mühle

Außerdem:

1 TL Quark
einige Blättchen Selleriegrün oder glatte Petersilie

1. Ein Drittel des Buchweizens grob schroten, den Rest ganz lassen. Den gesamten Buchweizen in einer heißen Pfanne ohne Fettzugabe rösten.
2. Das Gemüse putzen und fein würfeln.
3. Etwa 2 Eßlöffel Öl in einem passenden Topf erhitzen, die Gemüsewürfel zusammen mit dem Lorbeerblatt und dem Buchweizen darin anschwitzen. Dann alles mit dem Gemüsetee ablöschen, einmal aufkochen, den Topf zudecken, die Platte ausschalten und den Buchweizen etwa 20 Minuten quellen lassen.

4. Inzwischen die Schalotte schälen und in kleine Würfel schneiden.
5. Das restliche Sonnenblumenöl in einer kleinen Pfanne erhitzen und die Schalotte zusammen mit den Brotwürfeln darin anschwitzen.
6. Für das Gemüse den Sellerie unter fließendem Wasser abbürsten, putzen, vierteln und in sehr dünne Scheiben hobeln.
7. In einem passenden Topf das Öl erhitzen, die Selleriescheiben hineinlegen und sofort mit dem Zitronensaft ablöschen. Den Topf zudecken und den Sellerie bei mittlerer Hitze etwa 10 Minuten schmoren lassen.
8. Dann das Gemüse mit Kleehonig, Pfeffer und Kräutersalz abschmecken.
9. Jetzt die Brotwürfel-Zwiebel-Mischung und den Quark zum Buchweizen geben und alles mit Kräutersalz und Pfeffer abschmecken.
10. Das Selleriegrün waschen, fein schneiden und kurz vor dem Anrichten unter das Gemüse mischen.
11. Das Gemüse auf zwei vorgewärmten Tellern verteilen, mit zwei heißen Eßlöffeln von der Buchweizenmasse Nockerln abstechen und sie auf das Selleriegemüse setzen.
(auf dem Foto: oben)

ca. 570 kcal · 2395 kJ

Für Berufstätige
Sie können, wie bei vielen anderen Getreidegerichten auch, den Buchweizen vorbereiten, aufkochen und ihn dann mehrere Stunden quellen lassen.

94   Getreide

Getreide 95

Feiner Risotto mit Rauke und Spargel

Zeit zum Kochen des Fonds: ca. 45 Minuten
Zubereitungszeit: ca. 35 Minuten
Quellzeit: ca. 45 Minuten

Für 2 Personen

250 g weißer Spargel
1 Msp. Kleehonig
1 Msp. Butter
etwas Vollmeersalz
½ kleine Karotte (ca. 30 g)
1 kleine Zwiebel
3 EL kaltgepreßtes Sonnenblumenöl
150 g Rundkorn-Vollreis
1 Lorbeerblatt
4 EL trockener Weißwein
30 g Rauke
2 EL geschlagene süße Sahne
4 EL frisch geriebener Parmesan
etwas weißer Pfeffer aus der Mühle
etwas Kräutersalz

1. Den Spargel waschen, schälen und die unteren Enden abschneiden. Aus den Schalen und den Enden zusammen mit 1 l Wasser, dem Honig, der Butter und dem Salz einen Fond kochen. Das dauert etwa 45 Minuten und kann einige Stunden vorher erledigt werden. Die Spargelstangen inzwischen in ein feuchtes Küchentuch wickeln und kühl aufbewahren.
2. Die Karotte unter fließendem Wasser abbürsten, putzen und fein raspeln.
3. Die Zwiebel schälen und ebenfalls fein raspeln.
4. Das Sonnenblumenöl in einem passenden Topf erhitzen und den Reis zusammen mit dem Lorbeerblatt, der Zwiebel und der Karotte darin anschwitzen. Alles mit etwa 300 ml Spargelfond ablöschen und einmal aufkochen lassen. Die Platte ausschalten, den Topf zudecken und den Reis etwa 45 Minuten quellen lassen.
5. Danach den Reis, falls nötig, wieder erhitzen, und den Weißwein dazugeben. Dann unter ständigem Rühren den Wein einkochen lassen.
6. Die Spargelstangen schräg in 2 cm große Stücke schneiden und diese in dem verbliebenen Fond etwa 4 Minuten kochen. Die Stücke mit einem Schaumlöffel herausnehmen und unter den Reis mischen.
7. Die Rauke waschen, die Stiele entfernen und die Hälfte der Blätter in feine Streifen schneiden.
8. Kurz vor dem Servieren die geschlagene Sahne, die geschnittene Rauke und die Hälfte des geriebenen Parmesans unter den Reis rühren.
9. Alles mit Pfeffer und Kräutersalz abschmecken und den Risotto auf zwei vorgewärmten Tellern anrichten. Ihn mit den restlichen Raukenblättern garnieren und mit Parmesan bestreuen.
(auf dem Foto: unten)

ca. 710 kcal · 2995 kJ

Variationen
So ein Risotto schmeckt auch gut mit Pilzen, die Sie ein wenig in Öl anschwitzen, oder mit kurz gedämpften Fenchelstükken und etwas Tomate.

96   Getreide

Rote-Bete-Reis auf Lauchgemüse

Zubereitungszeit:
ca. 20 Minuten
Quellzeit: ca. 45 Minuten

Für 2 Personen

Für den Reis:
50 g rote Bete
1 Zwiebel
3 EL kaltgepreßtes Sonnenblumenöl
150 g Rundkorn-Vollreis
1 Lorbeerblatt
300 ml Gemüsetee (Seite 52)
etwas weißer Pfeffer aus der Mühle
etwas Kräutersalz
etwas geriebene Muskatnuß
2 EL geschlagene süße Sahne

Für das Lauchgemüse:
1 mittelgroße Stange Lauch (ca. 200 g)
1 EL kaltgepreßtes Sonnenblumenöl
2 EL trockener Weißwein
2 EL Gemüsetee (Seite 52)
¼ TL Pfeilwurzmehl

1. Die rote Bete unter fließendem Wasser abbürsten und fein raspeln.
2. Die Zwiebel schälen und fein raspeln.
3. Das Sonnenblumenöl in einem passenden Topf erhitzen und den Reis zusammen mit der Zwiebel, der rote Bete und dem Lorbeerblatt anschwitzen.
4. Alles mit dem Gemüsetee ablöschen und einmal aufkochen. Den Topf zudecken, die Platte ausschalten und den Reis in etwa 45 Minuten ausquellen lassen.
5. Inzwischen für das Gemüse den Lauch waschen, putzen und ihn schräg in 1 ½ cm dicke Scheiben schneiden.
6. Das Sonnenblumenöl in einem flachen Topf erhitzen und den Lauch darin kurz anschwitzen. Ihn sofort mit dem Weißwein und dem Gemüsetee ablöschen und den Lauch 3 bis 4 Minuten bei geschlossenem Topf garen.
7. Den Reis mit dem Pfeffer, dem Kräutersalz und der Muskatnuß abschmecken und kurz vor dem Anrichten die geschlagene Sahne darunterziehen.
8. Den Lauch mit dem Pfeffer und dem Kräutersalz nicht zu stark würzen und, falls nötig, die Flüssigkeit etwas binden. Dazu das Pfeilwurzmehl mit wenig Wasser klümpchenfrei verrühren und die Lauchflüssigkeit damit einmal kurz aufkochen.
9. Den Lauch auf zwei vorgewärmten Tellern anrichten und den Reis darauf setzen.
(auf dem Foto: oben)

ca. 625 kcal · 2625 kJ

Für Berufstätige
Sie sparen abends Zeit, wenn Sie den Reis bereits morgens vorbereiten und auf der ausgeschalteten Herdplatte tagsüber quellen lassen.
Dieses Gericht läßt sich sehr gut mitnehmen und dann am Arbeitsplatz aufwärmen.

Curry-Bananen-Reis mit Gemüsespießchen

Zubereitungszeit:
ca. 20 Minuten
Quellzeit:
mindestens 45 Minuten

Für 2 Personen

Für den Reis:
1 kleine Zwiebel
½ Banane
¼ Knoblauchzehe
3 EL kaltgepreßtes Sonnenblumenöl
1 Lorbeerblatt
1 TL Kurkuma oder Currypulver
150 g Rundkorn-Vollreis
300 ml Gemüsetee (Seite 52)
etwas schwarzer Pfeffer aus der Mühle
etwas Kräutersalz

Für die Spießchen:
20 Kirschtomaten
1 Zucchino (ca. 220 g)
16 mittelgroße Basilikumblätter
etwas ungehärtetes Kokosfett zum Braten

1. Für den Reis die Zwiebel schälen und in kleine Würfel schneiden.
2. Die Banane schälen und mit einer Gabel zerdrücken.
3. Die Knoblauchzehe schälen und durch die Knoblauchpresse drücken.
4. Das Öl in einem passenden Topf erhitzen und die Zwiebel, das Lorbeerblatt, die Banane, den Knoblauch und das Kurkuma- oder das Currypulver darin anschwitzen. Den Reis dazugeben. Alles mit Gemüsetee ablöschen und einmal aufkochen lassen. Dann den Topf zudecken, die Platte ausschalten und den Reis etwa 45 Minuten quellen lassen.
5. Für die Spießchen die Tomaten und den Zucchino waschen und putzen. Das Basilikum waschen.
6. Den Zucchino auf dem Gurkenhobel oder mit der Brotschneidemaschine längs in 16 sehr dünne Scheiben schneiden.
7. Auf vier Holzspießchen jeweils abwechselnd Tomaten und Zucchinoscheiben stecken. Die Zucchinoscheiben dazu zusammen mit je einem Basilikumblatt aufrollen. Auf jedem Spieß sollten 5 Tomaten und 4 Zucchinoscheiben sein.
8. Das Kokosfett in einer Pfanne erhitzen und die Spieße darin 4 Minuten braten.
9. Den Reis, falls nötig, wieder erhitzen und ihn mit Pfeffer und Kräutersalz abschmecken.
10. Den Reis auf zwei vorgewärmten Tellern anrichten und die Gemüsespieße dazulegen.

ca. 620 kcal · 2605 kJ

Für Berufstätige
Sie sparen abends Zeit, wenn Sie den Reis schon morgens vorbereiten und ihn auf der ausgeschalteten Herdplatte tagsüber quellen lassen.

Vollkornnudeln

Zubereitungszeit:
ca. 25 Minuten
Zeit zum Ruhen:
mindestens 1 Stunde

Für 2 Personen

150 g Hartweizen
50 g Dinkel
2 Eier
2 Eigelb
1 Msp. Vollmeersalz
1 TL kaltgepreßtes Olivenöl

1. Das Getreide sehr fein mahlen.
2. Das Mehl mit den restlichen Zutaten gut verkneten, am besten von Hand. Wenn der Teig schön fest, glatt und elastisch ist, ihn in Klarsichtfolie einwickeln und mindestens 1 Stunde stehen lassen.
3. Dann den Teig möglichst dünn ausrollen und nach Belieben zurechtschneiden, zum Beispiel zu Bandnudeln, zu rechteckigen Lasagneplatten oder zu kleineren mundgerechten Vierecken, sogenannte Malefatte (was soviel wie schlampig geschnittene Nudeln heißt).
4. Die Nudeln kurz trocknen lassen.
5. Jetzt können Sie entscheiden: Entweder Sie bereiten diese köstlichen Nudeln gleich zu, dann in einem Topf reichlich Wasser mit einem Schuß Öl und einer Prise Vollmeersalz zum Kochen bringen und die frischen Nudeln darin kochen. Sie sind in 3 bis 4 Minuten fertig. Oder Sie frieren Ihre Nudeln ein, um sie zu einem späteren Zeitpunkt zu verwenden. Die Kochzeit verlängert sich dann um 1 Minute.

ca. 475 kcal · 1990 kJ

Tip
Frische selbstgemachte Nudeln sind wesentlich besser als fertige, industriell hergestellte. Deshalb haben wir Ihnen hier das Rezept aufgeschrieben. Die angegebene Menge läßt sich beliebig vervielfachen, so daß Sie die Nudeln auf Vorrat zubereiten können. Eine kleine handbetriebene Nudelmaschine bringt selbstverständlich Erleichterung und erspart Ihnen das Ausrollen des festen Teiges von Hand, das besonders bei großen Mengen mühsam ist. Sollten Sie also ein „Nudelfan" sein, würde sich die Anschaffung sicher lohnen. Kleine Mengen von nur 2 bis 4 Portionen sind allerdings auch von Hand schnell ausgerollt.

Für Berufstätige
Aus übriggebliebenen Nudeln läßt sich ganz einfach ein Salat für den nächsten Tag zubereiten. Es schadet ihm nicht, wenn er ein wenig steht und durchziehen kann, er wird sogar besser im Geschmack. Mischen Sie die Nudeln für den Salat mit Apfel-, Schalotten-, Essiggurken- und Paprikaschotenwürfeln, heben Sie Kräutermayonnaise (Seite 36) und feingehackte Kerbel- oder Petersilienblätter darunter, und schmecken Sie mit Kräutersalz sowie mit Pfeffer ab.

Lauchnudeln mit Tomaten

Zubereitungszeit: ca. 15 Minuten

Für 2 Personen

2 Portionen Bandnudeln (Seite 99)
1 EL kaltgepreßtes Sonnenblumenöl
1 Prise Vollmeersalz
2 Tomaten
1 Stange Lauch
35 g Butter
etwas weißer Pfeffer aus der Mühle
etwas Kräutersalz
6 Basilikumblätter
2 EL geriebener Parmesan

1. Frische oder tiefgefrorene Nudeln in reichlich Wasser zusammen mit etwas Öl und Salz 4 bis 5 Minuten kochen. Sie dann mit kaltem Wasser abschrecken und abtropfen lassen.
2. Die Tomaten enthäuten. Dazu den Stielansatz herausschneiden und die Haut anritzen. Die Tomaten für 12 Sekunden in kochendes Wasser geben, herausnehmen, abschrecken und die Haut abziehen. Die Kerne entfernen und das Tomatenfleisch in kleine Würfel schneiden.
3. Den Lauch putzen, waschen und längs in dünne, etwa 20 cm lange Streifen schneiden.
4. Die Butter in einer Pfanne schmelzen und die Lauchstreifen darin glasig dünsten.
5. Die Nudeln dazugeben, alles mischen und mit Pfeffer und Kräutersalz abschmecken.
6. Die Basilikumblätter in feine Streifen schneiden.
7. Kurz vor dem Servieren die Tomatenwürfel und die Basilikumstreifen zu den Nudeln geben, alles sofort auf zwei vorgewärmten Tellern anrichten und mit Parmesan bestreuen.

ca. 715 kcal · 2995 kJ

Variationen
Haben Sie gerade einige Pilze zur Hand? Braten Sie sie in wenig Öl, und geben Sie die Nudeln und etwas Thymian dazu. Oder reichen Sie die Nudeln als Beilage zu den Gemüsespaghetti (Seite 69).

Gemüselasagne

Zubereitungszeit:
ca. 25 Minuten

Für 2 Personen

6 frische oder tiefgefrorene Lasagneblätter à 12x12 cm (aus Nudelteig Seite 99)
1 Prise Vollmeersalz
1 EL kaltgepreßtes Sonnenblumenöl
1 mittelgroße Karotte (ca. 90 g)
1 kleiner Zucchino (ca. 90 g)
250 g geschlagene süße Sahne
4 EL gemischte feingehackte Kräuter nach Marktangebot (zum Beispiel Petersilie, Dill, Schnittlauch, Liebstöckel oder Kerbel)
etwas Kräutersalz
etwas Pfeffer aus der Mühle
wenig Butter zum Bepinseln der Teller
1 EL Pinienkerne
1 EL kaltgepreßtes Olivenöl

1. Die Nudelblätter in reichlich Wasser zusammen mit etwas Salz und Öl 4 bis 5 Minuten kochen. Sie dann mit kaltem Wasser kurz abschrecken und auf einem Tuch trocknen.
2. Die Karotte unter fließendem Wasser abbürsten, den Zucchino waschen und putzen. Die Gemüsearten getrennt auf einer Rohkostreibe in Streifen schneiden und dämpfen. Die Karottenstreifen brauchen etwa 1 1/2 Minuten, die Zucchinostreifen benötigen nur 1/2 Minute.
3. Die geschlagene Sahne mit 3 Eßlöffel Kräutern mischen und die Kräutersahne mit dem Kräutersalz und dem Pfeffer nicht zu zaghaft abschmecken.
4. Zwei feuerfeste Speiseteller in der Mitte mit der Butter bepinseln.
5. Den Backofen auf 250°C vorheizen.
6. Die Lasagne wie folgt zusammensetzen: Auf jeden Teller 1 Nudelblatt legen. Darauf die Karotten verteilen, etwas von der Kräutersahne darüberstreichen und sie mit Parmesan bestreuen. Dann folgt wieder 1 Nudelblatt. Darauf kommen Zucchinostreifen, Kräutersahne und Parmesan. Diese Schicht mit dem letzten Nudelblatt abdecken, dieses mit der restlichen Sahne bestreichen, den restlichen Parmesan, die restlichen Kräuter und die Pinienkerne darauf streuen. Zuletzt alles mit dem Olivenöl beträufeln.
7. Die Lasagne im Backofen 8 bis 10 Minuten backen und sofort servieren.
(auf dem Foto: unten)

ca. 1035 kcal · 4330 kJ

Variationen
Dies sind sehr einfach herzustellende Lasagne, die im Geschmack sehr fein sind und viele Variationen zulassen: Füllen Sie sie einmal mit blanchierten Spinatblättern, mit Tomatenwürfeln und Basilikumsahne, oder füllen Sie sie mit Wurzelgemüsestreifen (Sellerie und Karotte) und Kapernsahne oder mit grünen oder weißen Spargelstücken und Kerbelsahne.

Für Berufstätige
Die Lasagne eignen sich sehr gut als kaltes Gericht für die Mahlzeit am Arbeitsplatz.

Zarte Spätzle

Zubereitungszeit:
ca. 30 Minuten

Für 2 Personen

Für den Teig:
100 g Quark
1 Ei
Vollmeersalz
2 EL Schnittlauchröllchen
100 g Dinkel

Außerdem:
1 EL kaltgepreßtes Sonnenblumenöl
30 g Butter
etwas schwarzer Pfeffer aus der Mühle
etwas Kräutersalz

1. Für den Spätzleteig den Quark, das Ei, 1/2 Teelöffel Salz und die Schnittlauchröllchen mischen.
2. Den Dinkel fein mahlen und dazugeben. Alles mit dem Knethaken des Handrührgeräts in 5 Minuten zu einem Teig verkneten, der Blasen wirft. Ihn etwa 10 Minuten quellen lassen.
3. In einem Topf reichlich Wasser zusammen mit einem Schuß Öl und etwas Salz zum Kochen bringen und die Hitzezufuhr reduzieren.
4. Den Teig mit dem Spätzlehobel in das wallende Wasser schaben und die Spätzle nach 1 Minute mit dem Schaumlöffel herausheben. Sie sofort mit kaltem Wasser abschrecken.
5. Die Butter in einer Pfanne schmelzen, die gekochten Spätzle darin wenden und sie dann mit Pfeffer und Kräutersalz abschmecken.
(auf dem Foto: oben)

ca. 345 kcal · 1440 kJ

Tip
Die Zutatenmenge für den Teig können Sie beliebig erhöhen, so daß Sie Spätzle auf Vorrat zubereiten können. Fertig gekocht lassen sie sich gut einfrieren. Reichen Sie zu den Spätzle Rahmspinat (Seite 70) und Tomatenschaum (Seite 79) oder gebratene Shiitakepilze (Seite 67).

Reste-Tip
Weitere Rezepte, in denen Quark verwendet wird, sind die Hirselaiberln (Seite 89) oder Desserts wie Quarkpudding (Seite 119).

Für Berufstätige
Bereiten Sie etwas mehr Spätzle zu, und mischen Sie sie am nächsten Tag mit Tomatenachteln, Gemüsewürfeln, vielen Kräutern und Kräutermayonnaise (Seite 36).

Getreide 103

Semmelpudding

Zubereitungszeit:
ca. 1 ¼ Stunden

Für 2 Personen

2 altbackene Milchsemmeln (siehe rechts) oder Vollkornsemmeln
150 ml Milch
2 Schalotten
2 EL kaltgepreßtes Sonnenblumenöl
2 EL feingehackte Petersilie
30 g Butter
1 Eigelb
etwas Kräutersalz
etwas schwarzer Pfeffer aus der Mühle
1 Eiweiß
1 Msp. Vollmeersalz
etwas Butter zum Ausfetten

1. Den Backofen auf 185° C vorheizen.
2. Die Semmeln in dünne Scheiben schneiden. Die Milch erwärmen und darübergießen.
3. Die Schalotten schälen und in fein würfeln.
4. Das Sonnenblumenöl in einer kleinen Pfanne erhitzen und die Schalotten zusammen mit der Petersilie darin anschwitzen.
5. Die Butter mit dem Handrührgerät schaumig rühren, das Eigelb dazugeben und alles gut verrühren. Die Masse zusammen mit den Zwiebeln zu den Semmeln geben und alles mit dem Kräutersalz und dem Pfeffer abschmecken.
6. Das Eiweiß zusammen mit dem Salz steif schlagen und vorsichtig unter die Semmelmasse heben.
7. Zwei Tassen sorgfältig mit der Butter auspinseln und die Semmelmasse hineinfüllen.
8. Die Tassen in eine mit Wasser gefüllte Form oder Fettpfanne stellen, mit Alufolie abdecken und den Pudding bei 185° C etwa 1 Stunde im Wasserbad pochieren.
9. Die Puddinge aus dem Ofen nehmen, sie 5 Minuten ausdampfen lassen und dann erst stürzen.

ca. 440 kcal · 1845 kJ

Tip
Reichen Sie zum Semmelpudding ein Lauchgemüse (Seite 97), oder setzen Sie ihn auf eine Kräutersauce aus Petersilie (Seite 80), und reichen Sie gebratene Pilze (Seite 67) dazu.

Für Berufstätige
Restlichen Semmelpudding in dünne Scheiben schneiden und mit Zwiebelstreifen, einer einfachen Vinaigrette aus Essig und Öl und Petersilie mischen. Dieser Salat schmeckt herrlich.

Milchsemmeln

Zubereitungszeit:
ca. 35 Minuten
Zeit zum Gehen:
ca. 25 Minuten

Für 2 Personen

200 ml Milch
20 g Hefe
½ TL Kleehonig
½ TL Vollmeersalz
300 g Dinkel
etwas Butter zum Ausfetten
etwas Mehl zum Bestäuben

1. Die Milch in einem kleinen Topf auf Handtemperatur erwärmen. Die Hefe und den Honig darin unter Rühren auflösen und das Salz dazugeben.
2. Den Dinkel sehr fein mahlen, zu der Hefe geben und alles 5 Minuten mit dem Knethaken des Handrührgeräts kneten. Den Teig etwa 15 Minuten gehen lassen.
3. Inzwischen den Backofen auf 220°C vorheizen. Ein Backblech mit Butter bepinseln.
4. Mit einem Eßlöffel kleine Teighäufchen auf das Blech setzen und nochmals 10 Minuten gehen lassen.
5. Etwas Mehl mit einem Sieb über die Semmeln streuen. Sie im Backofen 15 bis 20 Minuten backen.

ca. 545 kcal · 2265 kJ

Tip
Die Semmeln lassen sich sehr gut einfrieren, nach dem Auftauen sollten Sie sie nochmals kurz in den heißen Backofen schieben, damit sie knusprig serviert werden können.
Dieser sehr einfach herzustellende Teig ergibt wunderbar zarte Semmeln; machen Sie die Teighäufchen nicht zu groß, da der Teig beim Backen noch ein wenig aufgeht.

Tomatenquiche

Zubereitungszeit:
ca. 35 Minuten (ohne Zeit für die Teigzubereitung)

Für 2 Personen

---

1 Tarteform vorgebackener Nußmürbeteig (Seite 121)
80 g Emmentaler oder Gouda
3 Zwiebeln (ca. 130 g)
4 EL kaltgepreßtes Sonnenblumenöl
350 g Tomaten
125 g süße Sahne
1 Ei
etwas Kräutersalz
etwas schwarzer Pfeffer aus der Mühle

---

1. Den Backofen auf 220°C vorheizen.
2. Den Käse in dünne Scheiben schneiden und den Mürbeteigboden damit belegen.
3. Die Zwiebeln schälen und in kleine Würfel schneiden.
4. Das Sonnenblumenöl in einer Pfanne erhitzen, die Zwiebeln darin anschwitzen und auf dem Mürbeteigboden verteilen.
5. Die Tomaten waschen, den Stielansatz herausschneiden und die Tomaten in Scheiben schneiden. Den Teigboden damit belegen.
6. Im Mixer die Sahne, das Ei sowie Kräutersalz und Pfeffer gut mischen und diese Flüssigkeit über die Tomaten gießen.
7. Die Quiche im Backofen etwa 25 Minuten backen.

---

ca. 1235 kcal · 5160 kJ

Tip
Diese Gemüsequiche ergibt für 2 Personen eine Hauptmahlzeit, als Vorspeise reicht sie für 8 Personen aus.

Variationen
Versuchen Sie auch einmal einen anderen Belag: Zum Beispiel einige gedämpfte Lauchringe oder frische kleingeschnittene Bärlauchblätter und Gänseblümchen im Frühling. Auch geriebene Zucchini oder Auberginenstücke mit Zwiebeln und etwas Knoblauch geschmort schmecken sehr gut.

Für Berufstätige
Diese Tomatenquiche schmeckt, wie alle anderen Gemüsequiches, auch kalt sehr gut und kann deshalb als Büromahlzeit mitgenommen werden.

Pikantes Gebäck 107

Kräuterbrioche

Zubereitungszeit:
ca. 25 Minuten
Zeit zum Gehen:
ca. 10 Minuten

Für 2 Personen

10 g Hefe
1 Msp. Kleehonig
1 Schalotte
20 g Butter
2 EL feingehackte Kräuter (zum Beipiel Rauke, Dill, Petersilie, Kerbel, Basilikum, Schnittlauch oder Liebstöckel)
1 Ei
30 g Dinkel
etwas weißer Pfeffer aus der Mühle
etwas Kräutersalz
2 EL frisch geriebener Parmesan
etwas weiche Butter zum Ausfetten
2 EL Hafer zum Ausstreuen

1. Die Hefe und den Honig in 1 Eßlöffel warmem Wasser auflösen.
2. Die Schalotte schälen und in Würfel schneiden.
3. Die Butter in einer kleinen Pfanne schmelzen und die Schalotte darin anschwitzen. Die Kräuter dazugeben und einige Sekunden lang mitschwitzen, dann die Pfanne vom Herd nehmen und die Kräuter-Schalotten-Mischung abkühlen lassen.
4. Das Ei und die Hefe daruntermischen.
5. Den Dinkel sehr fein mahlen, dazugeben und alles gut miteinander verrühren.
6. Die Masse mit Pfeffer, Kräutersalz und Parmesan abschmecken.
7. Eine flache, feuerfeste Form mit der weichen Butter sorgfältig ausfetten. Den Hafer sehr fein mahlen und die Form damit ausstreuen.
8. Den Teig in die Form füllen und 10 Minuten gehen lassen. In der Zwischenzeit den Backofen auf 220°C vorheizen.
9. Die Brioche 15 Minuten backen. Sie dann aus der Form stürzen und noch warm, in Scheiben geschnitten, servieren.

ca. 330 kcal · 1370 kJ

Tip
Die Backzeit der Kräuterbrioche ist sehr von der Form abhängig, in der Sie sie backen, ist sie flach und weit, so reichen sicherlich 15 Minuten aus, backen Sie die Brioche aber zum Beispiel in Tassen, dann verlängert sich die Backzeit meist um einige Minuten. Prüfen Sie deshalb mit einem Holzspießchen, ob der Teig in der Mitte durchgebacken ist. Stechen Sie dazu in die Brioche hinein, und ziehen Sie das Stäbchen wieder heraus. Klebt noch etwas Teig daran, muß noch länger gebacken werden.
Es lohnt sich, Brioches auf Vorrat zu backen und einzufrieren. Wenn sich unerwartet Gäste ankündigen, haben Sie schnell eine Beilage zum Salat oder zu einer Vorspeise zur Hand. Schieben Sie die Brioche dann nochmals kurz in den Ofen, damit Sie sie warm servieren können.

Für Berufstätige
Die Kräuterbrioche schmeckt auch sehr gut kalt. Bereiten Sie sie als Sandwich zu.

DESSERTS

Feine, leicht gesüßte Nachspeisen aus Obst und Milchprodukten oder süßes Gebäck und Kuchen bilden den krönenden Abschluß eines vollwertigen vegetarischen Menüs. Richten Sie sich bei der Wahl der Obstsorte nach dem saisonalen Angebot, denn viele Rezepte lassen sich variieren. Lesen Sie dazu die Vorschläge und Tips, oder lassen Sie einfach Ihre Phantasie spielen. Auch als Zwischenmahlzeit oder zum Nachmittagskaffee sind die Nachspeisen oder Kuchen auf den folgenden Seiten geeignet.

Honigmelonengelee auf Limettensirup

Zubereitungszeit:
ca. 15 Minuten
Gelierzeit: ca. 40 Minuten

Für 2 Personen

Für das Gelee:
½ reife Honigmelone
(ca. 500 g)
⅛ l Cidre
1 TL Kleehonig
1 knapp gestrichener TL
Agar-Agar-Pulver

Für den Sirup:
1 unbehandelte Limette
oder Zitrone
1 EL Kleehonig
1 kleines Stück Vanilleschote

Außerdem:
10 Himbeeren

1. Die Melone halbieren, entkernen, schälen und eine Hälfte kleinschneiden.
2. Im Mixer die Melonenstücke zusammen mit dem Cidre und dem Kleehonig pürieren. Das Püree abmessen, es sollte genau ¼ l sein, eventuell noch etwas Cidre dazugießen.
3. Das Agar-Agar-Pulver klümpchenfrei unter die kalte Flüssigkeit rühren und alles einmal kurz aufkochen.
4. Zwei Tassen oder zwei Pudding- oder Timbaleförmchen mit kaltem Wasser ausspülen und die noch warme Flüssigkeit hineingießen. Das Gelee für 40 Minuten kühl stellen.
5. Inzwischen die Limette oder die Zitrone waschen, von der Schale mit dem Julienne-Reißer einige Streifen abziehen und diese beiseite legen. Die Zitrusfrucht auspressen.
6. Den Limetten- oder Zitronensaft, den Kleehonig und die Vanilleschote einige Minuten kochen lassen, bis der Saft sirupartig eingedickt ist. Die Vanilleschote herausnehmen.
7. Die restliche Melone in Scheiben schneiden und im Sirup marinieren.
8. Wenn das Gelee fest geworden ist, es am Rand mit einem stumpfen Messer etwas lösen, auf zwei Teller stürzen und mit den marinierten Melonenscheiben, den Himbeeren und den Schalenstreifen hübsch verzieren.
(auf dem Foto: unten)

ca. 210 kcal · 875 kJ

Tip
Agar-Agar wird aus einer asiatischen Rotalgenart gewonnen und bindet klare Gelees. Damit Agar-Agar geliert, muß es mit der Flüssigkeit aufgekocht werden.

Variation
Nach diesem Rezept können Sie auch Himbeergelee oder Traubengelee herstellen, das Sie zum Beispiel auf Mascarponesahne oder auf etwas Joghurt setzen.

112 Desserts

Beeren und Früchte mit Mascarponeschaum gratiniert

Zubereitungszeit: ca. 10 Minuten

Für 2 Personen

½ reife Mango
2 EL Himbeeren
2 EL Blaubeeren
2 EL Walderdbeeren
2 Passionsfrüchte
einige Streifen von der Schale einer unbehandelten Zitrone oder Limette

Für den Mascarponeschaum:

1 Eiweiß
1 Prise Vollmeersalz
1 EL Kleehonig
1 Eigelb
Mark von ½ Vanilleschote
etwas abgeriebene Schale einer unbehandelten Orange
1 Tropfen Bittermandelaroma
1 TL gesiebtes Dinkelmehl
1 TL Mascarpone

1. Den Backofen oder den Grill auf 250°C (Oberhitze) vorheizen.
2. In zwei feuerfesten tiefen Tellern die Früchte anrichten. Dazu die Mango schälen, in dünne Scheiben schneiden und hineinlegen, die Beeren waschen und darauf setzen. Die Passionsfrüchte halbieren, die Kerne mit dem Fruchtfleisch herauskratzen und über die Beeren geben. Die Zitronen- oder Limettenschalenstreifen darüberstreuen.
3. Das Eiweiß zusammen mit einer kleinen Prise Vollmeersalz steifschlagen, nach und nach den Kleehonig dazugeben und alles so lange weiterschlagen, bis die Masse zu glänzen beginnt. Jetzt das Eigelb, das Vanillemark, die Orangenschale und das Bittermandelaroma dazugeben und alles so lange schlagen, bis die Masse hellgelb und schaumig ist.
4. Nun das Dinkelmehl unter Rühren einrieseln lassen. Danach den Mascarpone unterrühren, bis er sich verteilt hat. Die Schaummasse sofort über die Früchte geben.
5. Das Dessert im vorgeheizten Ofen 2 bis 3 Minuten gratinieren, bis sich die Oberfläche leicht goldgelb färbt, dann sofort servieren. (auf dem Foto: oben)

ca. 150 kcal · 630 kJ

Variationen

Für dieses feine Dessert eignen sich alle Früchte und Beeren – lassen Sie Ihre Phantasie spielen, und orientieren Sie sich am saisonalen Angebot. So könnte zum Beispiel dieses Rezept zur Erdbeerzeit nur aus Erdbeeren bestehen, die in etwas Orangensaft oder Rhabarberkompott mariniert werden. Oder Sie kombinieren Kiwischeiben mit Blutorangenspalten, mariniert in Blutorangensaft und frischem Ingwer…

Blaubeerblini mit saurer Sahne

Zubereitungszeit:
ca. 10 Minuten
Zeit zum Gehen:
ca. 30 Minuten

Für 2 Personen

¼ l Milch
10 g Hefe
½ TL Kleehonig
50 g feines Buchweizenmehl
50 g feines Dinkelmehl
1 Eigelb
1 TL zerlassene Butter
1 Eiweiß
1 Msp. Vollmeersalz
etwas ungehärtetes Kokosfett zum Backen
6 EL Blaubeeren
6 EL saure Sahne

1. Die Milch bis auf Handtemperatur erwärmen, die Hefe und den Honig unter Rühren darin auflösen.
2. Das Mehl darunterrühren und den Teig mindestens 30 Minuten gehen lassen.
3. Das Eigelb und die Butter dazugeben.
4. Das Eiweiß zusammen mit dem Salz steif schlagen und unter den Teig ziehen.
5. Etwas Kokosfett in einer Pfanne erhitzen und mit einem Löffel kleine Teighäufchen hineinsetzen. Die Blini etwa 1 Minute backen, auf der ungebackenen Seite mit den Blaubeeren bestreuen. Die Blini wenden, noch etwa ½ Minute backen, dann herausnehmen und auf Küchenkrepp abtropfen lassen.
6. Die saure Sahne verrühren, auf zwei Tellern einen Saucenspiegel gießen und die Blini darauf anrichten.
(auf dem Foto: unten)

ca. 430 kcal · 1800 kJ

Pochierte Birne im rosa Gelee

Zubereitungszeit:
ca. 20 Minuten
Zeit zum Erkalten:
mindestens 1 Stunde

Für 2 Personen

Für die Birne:

1 große oder 2 kleine Birnen
Saft von 1 Zitrone
⅛ l trockener Weißwein
1 Zimtstange
1 EL Kleehonig, bei Bedarf etwas mehr

Für das Gelee:

½ TL Agar-Agar-Pulver
1 TL Kleehonig
2 EL Preiselbeeren oder rote Johannisbeeren

Außerdem:

4 EL Apfelcidre

1. Die Birnen waschen, schälen, halbieren und das Kerngehäuse entfernen.
2. In einen flachen Topf die Birnen, den Zitronensaft, den Weißwein, die Zimtstange und den Honig geben, ⅛ l Wasser angießen und alles einmal aufkochen. Bei schwacher Hitze köcheln lassen, bis die Birnen weich, aber nicht verkocht sind. Das dauert 5 bis 15 Minuten.
3. Die Birnen in dem Sud erkalten lassen.
4. Anschließend die Birnen herausnehmen und jede Hälfte fächerartig einschneiden. Die Birnen in zwei tiefe Teller legen und auseinanderdrücken.
5. Nun von dem Birnensud ⅛ l abnehmen, das Agar-Agar-Pulver darin klümpchenfrei auflösen, den Honig und die Preiselbeeren oder die Johannisbeeren dazugeben und alles einmal aufkochen.
6. Die Flüssigkeit durch ein Sieb streichen und noch warm über die Birnen gießen. Das Dessert für einige Minuten kühl stellen und bei Tisch den Cidre darübergießen.
(auf dem Foto: Mitte)

ca. 145 kcal · 620 kJ

Tip
Den restlichen Birnensud erwärmen Sie und servieren diesen Birnentee in Mokkatassen zu Kuchen oder Teegebäck.
Dieses Dessert können Sie sehr gut vorbereiten. Lassen Sie die Birne bei Bedarf über Nacht im Sud erkalten. Der Eigengeschmack von pochiertem Obst oder auch blanchiertem Gemüse intensiviert sich, wenn es im eigenen Sud erkalten kann!

Walderdbeerensuppe

Zubereitungszeit:
ca. 10 Minuten
Kühlzeit: ca. 12 Stunden

Für 2 Personen

150 g Walderdbeeren oder Erdbeeren
4 hauchdünne Scheiben Vollkornpumpernickel
1 EL Kleehonig
1 Msp. Vanillemark
¼ l frisch gepreßter Orangensaft
2 EL Rum
125 g süße Sahne

1. Die Erdbeeren putzen, waschen und in eine flache Schale legen.
2. Die Brotscheiben auf die Erdbeeren legen.
3. Den Kleehonig, das Vanillemark, den Orangensaft und den Rum gut miteinander verrühren und die Brotscheiben damit beträufeln.
4. Die Schale gut abdecken und das Dessert über Nacht kühl stellen.
5. Am nächsten Tag die Sahne cremig, aber nicht steif schlagen.
6. Die Erdbeersuppe in zwei tiefen Tellern anrichten und mit der Sahne begießen.
(auf dem Foto: oben)

ca. 475 kcal · 1985 kJ

Tip
Die Zubereitung dieses feinen Desserts braucht nicht viel Zeit. Sie müssen es nur rechtzeitig vorbereiten.

Variation
Anstelle der Walderdbeeren können Sie natürlich auch Himbeeren, Brombeeren oder eine Beerenmischung nehmen.

114 Desserts

Desserts 115

Erdbeerparfait

Zubereitungszeit:
ca. 20 Minuten
Gefrierzeit:
mindestens 3 Stunden

Für 4 Personen

250 g Erdbeeren
1 Msp. Vollmeersalz
1 Eiweiß
1 EL Kleehonig
1 Eigelb
125 g geschlagene süße Sahne
6 Pfefferminzeblätter

1. Die Erdbeeren waschen, putzen und 200 g davon im Mixer pürieren.
2. Das Salz zum Eiweiß geben und es mit dem Handrührgerät sehr steif schlagen.
3. Den Kleehonig in kleinen Mengen dazugeben und alles so lange weiterschlagen, bis die Masse zu glänzen beginnt.
4. Das Eigelb dazugeben und weiterschlagen, bis die Schaummasse hellgelb und cremig ist.
5. Eine kleine, passende Form mit Klarsichtfolie auslegen.
6. Die Eischaummasse, die geschlagene Sahne und zwei Drittel des Erdbeerpürees leicht verrühren und die marmorierte Masse in die Form gießen.
7. Die Form abdecken und das Parfait mindestens 3 Stunden gefrieren lassen.
8. Zum Anrichten die restlichen Erdbeeren in Scheiben schneiden. Mit dem restlichen Erdbeerpüree auf zwei Tellern einen Saucenspiegel angießen und die geschnittenen Erdbeeren darauf anrichten. Das Parfait aus der Form stürzen, die Folie abziehen und das Parfait mit einem heißen Messer in Scheiben schneiden. Diese auf die Teller setzen und mit Pfefferminzeblättern verzieren.

ca. 300 kcal · 1260 kJ

Tip
Dieses Parfait wird ohne Eismaschine zubereitet, es ist also auch für jene ideal, deren Küche nicht so professionell ausgestattet ist. Die oben angegebene Rezeptmenge läßt sich beliebig vervielfachen, was sich lohnt, weil Sie das Parfait ruhig länger im Tiefkühlgerät lassen können. Wenn es schon sehr fest gefroren ist, nehmen Sie es 1/2 Stunde vor dem Servieren heraus und lassen es ein wenig antauen.

Variationen
Nach diesem Prinzip können Sie die verschiedensten Parfaits herstellen, etwa ein Parfait aus roten Pfirsichen, aus gedämpften Äpfeln oder Birnen, aus karamelisierten Nüssen...

Blutorangensorbet auf Kiwisalat

Zubereitungszeit:
ca. 10 Minuten
Gefrierzeit: ca. 25 Minuten

Für 2 Personen

¼ l Blutorangensaft
2 ½ EL Kleehonig
2 Kiwis
1 EL Rum
1 kleines Stück frische oder getrocknete Ingwerwurzel

1. Den Blutorangensaft und 1 Teelöffel Kleehonig mischen und in der Sorbetière gefrieren lassen.
2. Inzwischen die Kiwis schälen und in Scheiben schneiden.
3. In einem kleinen Topf den restlichen Kleehonig schmelzen, den Rum und die geschälte Ingwerwurzel dazugeben und einige Minuten bei geringer Hitzezufuhr ziehen lassen.
4. Die Kiwischeiben kreisförmig auf zwei Tellern anrichten und mit der warmen Marinade übergießen.
5. Das Blutorangensorbet mit einem heißen Löffel aus der Sorbetière nehmen und auf den Salat setzen. (auf dem Foto: oben)

ca. 155 kcal · 645 kJ

Tip
Sollten Sie keine Sorbetière haben, gehen Sie wie folgt vor:
Den Fruchtsaft in eine Schüssel gießen und diese in die Tiefkühltruhe stellen. Regelmäßig alle 10 Minuten mit einem Schneebesen die Masse umrühren, bis sie gefroren, aber nicht zu fest ist. Das dauert in der Regel etwas länger als in der Sorbetière, und die Zubereitung ist nicht ganz so einfach.

Variationen
Auf diese Weise lassen sich allerlei feine, fruchtige Sorbets herstellen, zum Beispiel aus Passionsfrüchten, Erdbeeren, Ananas, Honig- oder Wassermelonen ...
Und versuchen Sie auch einmal diese Variante:
150 ml Fruchtsaft gemischt mit 100 ml Trinkjoghurt ergeben ein zartschmelzendes Joghurtsorbet!

118 Desserts

Roher Quarkpudding mit Beerensalat

Zubereitungszeit:
ca. 15 Minuten
Zeit zum Abtropfen:
6 bis 12 Stunden

Für 2 Personen

Für den Quarkpudding:
250 g Quark
1 TL süße Sahne
1 Eiweiß
1 Msp. Vollmeersalz

Für den Beerensalat:
1 unbehandelte Zitrone oder Limette
1 EL Kleehonig
1 Msp. frisches Vanillemark
150 g frische Beeren (gemischt oder nur eine Sorte)

1. Den Quark und die Sahne glatt verrühren.
2. Das Eiweiß zusammen mit dem Salz steif schlagen und unter die Quarkmasse heben.
3. Ein kleines Sieb mit einem Mulltuch auslegen, die Quarkmasse hineinfüllen und das Sieb in eine Schüssel hängen.
4. Den Quark mindestens 6 Stunden kalt stellen und dann abtropfen lassen.
5. Anschließend die Zitrone oder die Limette waschen, mit dem Juliennereißer von der Schale einige Streifen abziehen und die Frucht dann auspressen.
6. Den Kleehonig mit dem Zitronen- oder Limettensaft verrühren, das Vanillemark dazugeben und die Beeren darin kurz marinieren.
7. Den Quarkpudding stürzen, das Mulltuch abziehen und den Pudding mit einem heißen Messer wie einen Kuchen in Stücke schneiden.
8. Die Stücke auf zwei Tellern anrichten und mit den marinierten Beeren und den Zitronen- oder Limettenschalenstreifen umlegen.
(auf dem Foto: unten)

ca. 165 kcal · 690 kJ

Tip
Gibt es gerade keine Beeren auf dem Markt? Dann servieren Sie einen schönen Obstsalat zum Pudding, oder Sie reichen ein wenig Fruchtmark dazu.

Desserts 119

120 Desserts

Feiner Hefeteig für süße oder pikante Brote

Zubereitungszeit:
ca. 10 Minuten
Zeit zum Gehen:
ca. 40 Minuten
Backzeit: ca. 20 Minuten

Für 1 süßes Brot

¼ l Milch
50 g Kleehonig, 30 g Hefe
1 Msp. Vollmeersalz
500 g Dinkel
50 g zerlassene Butter
2 Eier

oder
Für 1 pikantes Brot

¼ l Milch
10 g Kleehonig, 30 g Hefe
1 TL Vollmeersalz
500 g Dinkel
50 g zerlassene Butter
2 Eier

Außerdem:
Butter zum Ausfetten

1. Die Milch auf Handtemperatur erwärmen und den Honig, die Hefe und das Salz damit verrühren.
2. Den Dinkel sehr fein mahlen und in eine Schüssel geben.
3. In das Mehl eine Vertiefung drücken und die Hefemilch hineingießen, mit etwas Mehl verrühren und dann alles zugedeckt etwa 10 Minuten an einem warmen Ort gehen lassen.
4. Die Butter und die Eier anschließend zum Teig geben und alles mit dem Knethaken des Handrührgerätes etwa 5 Minuten kneten, bis der Teig Blasen wirft.
5. Den Teig abgedeckt an einem warmen Ort etwa 20 Minuten gehen lassen. Inzwischen den Backofen auf 220°C vorheizen.

6. Die Teigmenge halbieren und daraus zwei Brote formen. Ein Backblech mit Butter ausfetten, die Brote darauf setzen und nochmals etwa 10 Minuten gehen lassen.
7. Dann die Brote etwa 20 Minuten backen.
(auf dem Foto: oben)

süßes Brot insgesamt:
ca. 2835 kcal · 11875 kJ
pikantes Brot insgesamt:
ca. 2575 kcal · 10780 kJ

Variationen
Unter den Teig für die **süßen Brote** können Sie noch 50 g Rosinen oder 50 g Mandeln, Hasel- oder Walnüsse geben.
Unter die **pikante Variante** können Sie 5 Eßlöffel gehackte Kräuter (Thymian, Rosmarin, Majoran ...), 1 gewürfelte, gedünstete Zwiebel oder 50 g Mandeln, Haselnüsse oder Walnüsse geben.

Tip
Bei diesem Teig reicht die angegebene Menge für weit mehr als 2 Personen aus. Da die Brote sehr gut eingefroren werden können und der Zeitaufwand für die Zubereitung von großen wie von kleinen Broten fast derselbe ist, lohnt es sich, mehr zu backen.

Zwetschgendatschi

Zubereitungszeit:
ca. 1 ½ Stunden

Für 2 Personen

etwas zerlassene Butter
zum Ausfetten
etwa 250 g Hefeteig für
süße Brote (links)
400 g Zwetschgen oder
Pflaumen
3 EL Kleehonig
2 EL Butter
1 TL Zimtpulver
1 EL Walnüsse

1. Den Backofen auf 220°C vorheizen. Ein Backblech mit etwas Butter einpinseln.
2. Den Teig auf dem Blech dünn ausrollen, es sollte etwa 30 x 30 cm groß sein. Ihn mit einer Gabel einstechen.
3. Die Früchte waschen, entkernen und fächerförmig einschneiden.
4. Den Kleehonig zusammen mit der Butter bei geringer Hitzezufuhr schmelzen und ein wenig davon auf den Teig streichen.
5. Die Früchte mit der Schnittfläche nach oben auf den Teig legen.
6. Die restliche Honigbutter darüberträufeln, den Zimt mit einem Sieb über den Kuchen stäuben und die Walnüsse darübergeben. Den Kuchen etwa 10 Minuten gehen lassen.
7. Ihn im Ofen etwa 20 Minuten backen.
(auf dem Foto: unten)

ca. 725 kcal · 1035 kJ

Tip
Hier empfiehlt es sich, die gesamte Teigmenge für süße Brote zuzubereiten und den restlichen Teig einzufrieren.

Nußmürbeteig

Zubereitungszeit:
ca. 10 Minuten
Kühlzeit:
mindestens 30 Minuten

Für 2 Tarteformen
(Durchmesser etwa 25 cm)

135 g Dinkel
135 g sehr fein geriebene
Haselnüsse
125 g kalte Butter
1 Ei
1 Msp. Vollmeersalz

1. Den Dinkel sehr fein mahlen.
2. Alle Zutaten mit kühlen Händen sehr schnell zu einem glatten Teig verarbeiten. Achtung! Den Teig nicht zu lange kneten, sonst wird er beim Backen brüchig.
3. Den Teig halbieren und in die Tarteformen legen. Darin möglichst dünn ausrollen. Die Tarteformen brauchen nicht ausgefettet zu werden.
4. Den Teig in den Formen für mindestens 30 Minuten ins Tiefkühlgerät stellen.
5. Dann den Backofen auf 220°C vorheizen.
6. Den Mürbeteig im vorgeheizten Backofen 5 Minuten vorbacken. Dann je nach Rezept oder nach Belieben süß oder salzig füllen und fertigbacken.

1 Form
ca. 1150 kcal · 4835 kJ

Variation
Sie können diesen Teig auch ohne Nüsse zubereiten, verwenden Sie dann aber 270 g Dinkelmehl.

Süßes Gebäck 121

Birnentarte

Zubereitungszeit:
ca. 20 Minuten (ohne Zeit für die Teigzubereitung)

Für 1 Tarte

300 g Birnen
Saft von 1 Zitrone
3 EL Kleehonig
2 EL Butter
1 Tarteform vorgebackener Nußmürbeteig (Seite 121)
½ TL Zimtpulver

1. Den Backofen auf 220°C vorheizen.
2. Die Birnen schälen, halbieren und das Kerngehäuse entfernen. Die Birnen in schmale Spalten schneiden und sie sofort mit dem Zitronensaft beträufeln, damit sie hell bleiben.
3. Den Kleehonig zusammen mit der Butter in einem Topf schmelzen.
4. Den Tarteboden mit etwas Honigbutter bestreichen. Die Birnenspalten kreisförmig auf dem Tarteboden anordnen. Die restliche Honigbutter darauf verteilen.
5. Den Zimt mit einem feinen Sieb über die Tarte stäuben.
6. Die Birnentarte 10 bis 15 Minuten backen. Sie schmeckt besonders gut, wenn sie noch warm serviert wird.

insgesamt
ca. 1670 kcal · 5930 kJ

Variationen

Sie können auch einmal eine Apfel- oder eine Orangentarte nach obigem Rezept zubereiten. Oder haben Sie gerade Rhabarber eingekauft? Dann streichen Sie etwas mit Honig vermischten Quark auf den Mürbeteigboden, legen die rohen Rhabarberscheiben darauf und übergießen alles mit einer Mischung aus 1 Ei, 125 g süßer Sahne und etwas Kleehonig. Diese Tarte muß bei 220°C etwa 25 Minuten gebacken werden.

Schnelle Biskuitroulade

Zubereitungszeit:
ca. 20 Minuten

Für 1 Roulade

4 Eiweiß
1 Msp. Vollmeersalz
80 g Kleehonig, 4 Eigelb
100 g Hirse
1 Msp. Vanillemark
abgeriebene Schale von
½ unbehandelten Zitrone
zerlassene Butter zum
Bepinseln
etwas Dinkelmehl zum
Bestreuen

1. Den Backofen auf 200°C vorheizen. Das Eiweiß zusammen mit dem Salz steif schlagen.
2. Nach und nach den Kleehonig in kleinen Mengen dazugeben und alles so lange weiterschlagen, bis die Masse zu glänzen beginnt.
3. Dann die Eigelbe unter weiterem Schlagen einzeln dazugeben. Alles so lange schlagen, bis die Masse hellgelb und cremig geworden ist.
4. Die Hirse sehr fein mahlen und mit einem Gummispachtel unter die Schaummasse heben. Den Teig zum Schluß mit dem Vanillemark und der Zitronenschale würzen.
5. Ein Backblech mit etwas Butter bestreichen.
6. Den Teig darauf gießen und glatt streichen. Dann etwa 10 Minuten backen.
7. In der Zwischenzeit ein Küchentuch von der Größe des Backblechs mit Dinkelmehl bestreuen. Einen Schwamm und kaltes Wasser bereitstellen.
8. Den Biskuit aus dem Ofen nehmen und auf das vorbereitete Küchentuch stürzen. Den Schwamm in das Wasser tauchen und die Rückseite des Butterbrotpapiers damit abreiben. Nun das Papier vom Teig lösen. Den Biskuit mit dem Tuch sofort zusammenrollen und so abkühlen lassen.

insgesamt
ca. 1045 kcal · 4395 kJ

Füllung
Zum Füllen der Roulade nehmen Sie etwas honiggesüßte Marmelade und 125 g geschlagene Sahne oder, anstelle der Marmelade, frische Früchte, zum Beispiel Erdbeeren oder Himbeeren. – Die gefüllte Roulade kühl stellen.

Variation
Eine dunkle Roulade erhalten Sie, wenn Sie die Hälfte des Hirsemehls durch Carobpulver ersetzen.

Süßes Gebäck 123

Apfelkuchen mit Quark

Zubereitungszeit:
ca. 30 Minuten

Für 2 Personen

2 säuerliche Äpfel
(z. B. Boskoop)
Saft von 1 Zitrone
2 Eier
80 g Kleehonig
100 g Quark
1 Msp. frisches Vanillemark
100 g Dinkel
1 Msp. Weinsteinbackpulver
60 g zerlassene Butter
etwas Butter zum Ausfetten

1. Den Backofen auf 200° C vorheizen.
2. Die Äpfel schälen, das Kerngehäuse entfernen und die Äpfel in Spalten oder Würfel schneiden. Sie mit dem Zitronensaft beträufeln.
3. Die Eier, den Kleehonig, den Quark und das Vanillemark gut miteinander verrühren.
4. Den Dinkel sehr fein mahlen, mit dem Backpulver mischen und mit der Eier-Quark-Masse und den Äpfeln verrühren. Jetzt die zerlassene Butter dazugeben. Der Teig ist fast flüssig.
5. Eine flache, feuerfeste Glasform oder eine kleine Kuchenform (keine Springform) mit der Butter sorgfältig einfetten und den Teig hineingießen.
6. Den Kuchen etwa 20 Minuten backen.

insgesamt
ca. 1410 kcal · 5895 kJ

Reste-Tip
Quark wird in der kleinsten Packungseinheit à 250 g verkauft, den übriggebliebenen Quark verwenden Sie für den Quarkpudding (Seite 119) oder für Hirselaiberln (Seite 89).

Süßes Gebäck 125

REGISTER

Abkürzungen 30
Alkohol 22
Amaranth 17
Anbauverbände,
  ökologische 14
Auszugsmehl 16

Ballaststoffe 7, 8
Berufstätige 27
– Ernährung für 7
Bewegung, körperliche 7
Bioladen 23
Braten 28
Buchweizen 17
Butter 21

Cholesterin 9, 21

Dampfdrucktopf 28
Dämpfen 28
Darmträgheit 9
Dinkel 17
Dünsten 28

Eier 20, 25
Einkauf 23
Einkaufsplan 24
Eiweißkombination 13
Eiweißversorgung 13
Energie einsparen 29
Ernährung
– am Arbeitsplatz 7, 8
– gesellschafts-
  verträgliche 15
Ernährungsfehler 10
Ernährungsgewohnheiten,
  ungünstige 9, 10
Essen, schnelles 6

Fast food 6
Fertiggerichte 6
Fette 9, 20–21, 25
Fisch 20
Fleisch 20

Garmethoden 28–29
Gemüse 18–19, 25
– schälen 19
Gemüseeinkauf 18
Gemütlichkeit 29
Gerste 17
Gesundheit 10

Gesundheitsverträg-
  lichkeit 12–14
Getränke 22
Getreide 16–17, 24
– kochen 29
– zubereiten 16
Getreidemühle 27
Getreideprodukte 16–17,
  24–25
Getreideschrot 16
Gewürze 21
Grundnahrungsmittel 23
Grünkern 17

Hafer 17
Haushalte, kleine 6, 24
Haushaltsführung 23–25
Hirse 17
Hülsenfrüchte 24
– kochen 29

Kaffee 22
Kalorien 9
Kalorienangabe 30
Keimlinge 19–20, 30
Kennzeichnung der
  Lebensmittel 14
Klebergehalt 16
Kochen, vollwertig
  vegetarisch 26–29
Kochsalz 9
Kost
– laktovegetabile 11
– ovo-lakto-vegetabile 11
– unerhitzte 12
– vegane 11
Kräuter 21–22, 25, 30
Kräutergarten
  im Haus 21–22
Küche, Einrichtung 27
Küchengeräte 26–27

Laktovegetabile Kost 11
Landwirtschaft,
  ökologische 14
Lebensmittelauswahl 9
– Empfehlungen 16–22
Lebensmittelvorrat 31
Leistungstief 8

Mais 17
Mengen 30

– kleine 24
Mikrowelle 28
Milch 20, 25
Milchprodukte 20, 25
Mineralwasser 22
Müllsparen 14

Nährstoffdichte 7, 18
Nahrungsenergiezufuhr 7
Nitrat 19
Nüsse 19

Obst 18–19, 25
– schälen 19
Obsteinkauf 18
Öle 20–21, 25
Orangenfilets
  schneiden 44
Ovo-laktovegetabile
  Kost 11

Pflanzenstoffe,
  sekundäre 13
Planung 27
Puddingvegetarier 11

Quinoa 17

Reis 17
Rezepte, Hinweise 30–31
Roggen 17

Saaten 19
Samen 19
Schadstoffe 19
Sprossen 16
Sprossenzucht 20
Strukturen, soziale 6
Supermarkt 23

Tee 22

Übergewicht 9
Umweltverträglichkeit 14

Vegane Kost 11
Vegetarismus 11
Verarbeitungsmaß-
  nahmen 13
Verdauung 7
Verpackungen 14
Verstopfung 8

Vitamine schonen 29
Vollkornbrot 16
Vollwert-Ernährung 12–15
– Empfehlungen 12–15
– Grundsätze 15
– vegetarische 10
vollwertig vegetarisch
  Kochen 26–29
Vorratshaltung 24–25
Vorratskammer 25
Vorzugsmilch 20

Weizen 17
Wohlbefinden 10
Wurst 20

Zivilisationskrank-
  heiten 9
Zubereitungszeiten 30
Zucker 9

126 Register

REZEPTVERZEICHNIS

Annakartoffeln 77
Apfelkuchen mit
  Quark 125
Apfeltarte 122
Avocadodip 34
Avocadomousse 48

Beerensalat 119
Beeren und Früchte mit
  Mascaroneschaum grati-
  niert 113
Birne, pochierte, im rosa
  Gelee 114
Birnentarte 122
Biskuitroulade,
  schnelle 123
Blaubeerblini mit saurer
  Sahne 114
Blutorangensorbet auf
  Kiwisalat 118
Bouillonkartoffeln 78
Brokkoli mit Olivenöl und
  Pinienkernen 69
Brotaufstriche 48
Brote, pikante 121
Brote, süße 121
Buchweizenblini gefüllt
  mit roten Beten und
  Pilzen 94
Buchweizennockerln auf
  Selleriegemüse 94
Bunte Kartoffeltorte 74
Bunter Salat von Paprika-
  schoten 43
Butternockerln 53

Carpaccio aus Topinambur-
  knollen 66
Carpaccio von weißem
  Spargel in Pilzvinai-
  grette 66
Champignons, marinierte
  braune 62
Chicoréegemüse mit
  Pilzen 71
Chicorée mit Orangen 44
Chinakohlgemüse 72
Chinakohlsalat 39
Couscous auf unsere
  Art 85
Cremesuppe von weißem
  Spargel 59

Crudités mit verschiedenen
  Dips 34
Curry-Bananen-Reis mit
  Gemüsespießchen 98

Desserts 110–125
Dreierlei Gemüsemousses
  mit Zitronenvinai-
  grette 64

Erdbeerparfait 116
Erfrischende Tomaten-
  suppe 56

Feiner Hefeteig für süße
  oder pikante Brote 121
Feiner Risotto mit Rauke
  und Spargel 96
Feldsalat mit Wurzelgemü-
  sestreifen 42
Fenchelgemüse mit
  Tomaten 73
Frischkäsenockerln 55
Friséesalat, warm marinier-
  ter, mit Räuchertofu 44
Frühlingssalat mit Wiesen-
  blüten 38

Gebratene Shiitake-
  pilze 67
Gemüse 60–81
Gemüseessenz, goldgelbe,
  mit Gemüse und Butter-
  nockerln 53
Gemüselasagne 102
Gemüsemousses, dreierlei,
  mit Zitronenvinai-
  grette 64
Gemüsespießchen 98
Gemüsetee 52
Getreide 82–109
Goldgelbe Gemüseessenz
  mit Gemüse und Butter-
  nockerln 53
Grünkernnockerln auf
  Gurkengemüse 93
Grünkernrisotto 91
Gurkengemüse 93
Gurkensuppe, hell-
  grüne 55

Hefeteig, feiner 121
Hellgrüne Gurken-
  suppe 55
Hellgrüne Lauchsauce 81
Hirselaiberln mit Apfel-
  scheiben 89
Hirsenockerln 86
Hirsepfannkuchen,
  zarte 85
Hirseschnitten mit Senf-
  kruste 87
Hirseschnitten mit
  Tomaten-Parmesan-
  Kruste 87
Honigmelonengelee auf
  Limettensirup 112

Karottencremesuppe 58
Karottenspaghetti auf Peter-
  siliensauce 69
Kartoffel-Gemüse-
  Rösti 76
Kartoffelgratin 74
Kartoffelgulasch 78
Kartoffeln 74–78
Kartoffeltorte, bunte 74
Klare Liebstöckelsauce 80
Klare Suppe mit Wirsing
  und Pilzen 54
Kohlrabigemüse 71
Kopfsalat unter der Kräu-
  termayonnaise 36
Kräuterbrioche 108
Kräuterdip 34
Kräuterdressing 47
Kräutermayonnaise 36
Kräutersauce auf zwei
  Arten 80
Kräutersuppen 56

Landleberpastete, vege-
  tarische 48
Lauchgemüse 97
Lauch, marinierter 62
Lauchnudeln mit
  Tomaten 100
Lauchsauce, hellgrüne 81
Lauchspaghetti 69
Liebstöckelsauce,
  klare 80
Luftiger Tomaten-
  schaum 79

Marinierte braune Cham-
  pignons 62
Marinierte Paprika-
  schoten 62
Marinierter Lauch 62
Mascarponeschaum 113
Milchsemmeln 105

Nußmürbeteig 122

Orangentarte 122

Paprikaschoten, bunter
  Salat von 43
Paprikaschoten,
  marinierte 62
Paprikaschoten, Sauce von
  roten 81
Peperoniessig 34
Petersiliensauce 69
Petersiliensuppe,
  schaumige 56
Petersilienwurzel-
  spaghetti 69
Pfefferminzejoghurt 36
Pilzvinaigrette 66
Pochierte Birne im rosa
  Gelee 114
Polentagratin 90

Quarkpudding, roher, mit
  Beerensalat 119

Radicchio mit
  Avocado 41
Radieschensalat mit
  Gurke 41
Rahmspinat 70
Rhabarbertarte 122
Risotto, feiner, mit Rauke
  und Spargel 96
Roher Quarkpudding mit
  Beerensalat 119
Rollgersteneintopf mit
  Wurzelgemüse 92
Rote-Bete-Reis auf Lauch-
  gemüse 97

Salate 34–47
Salat von grünem Spargel
  mit Pfefferminze-
  joghurt 36

Salat von jungem Weiß-
    kohl 46
Saucen 79–81
Sauce von roten Paprika-
    schoten 81
Schaumige Petersilien-
    suppe 56
Schnelle Biskuit-
    roulade 123
Selleriecremesuppe 58
Selleriegemüse 94
Semmelpudding 104
Shiitakepilze,
    gebratene 67
Spargel, Carpaccio von
    weißem 66

Spargel, Cremesuppe von
    weißem 59
Spargel, Salat von
    grünem 36
Spätzle, zarte 103
Suppe, klare, mit Wirsing
    und Pilzen 54
Suppen 50–59

Tomatencremesuppe 56
Tomatendip 34
Tomatengelee mit Basili-
    kumsauce 62
Tomatenquiche 106
Tomatensalat 35

Tomatenschaum,
    luftiger 79
Tomatensuppe, erfri-
    schende 56

Vegetarische Landleber-
    pastete 48
Vollkornnudeln 99

Wacholdervinaigrette 42
Waldbeerensuppe 114
Warm marinierter Frisée-
    salat mit Räucher-
    tofu 44
Weißkohl, Salat von
    jungem 46

Wurzelgemüsesalate mit
    Sauerkraut 47

Zarte Hirsepfann-
    kuchen 85
Zarte Spätzle 103
Zitronenspinat 70
Zitronenvinaigrette 64
Zucchinicarpaccio 66
Zucchinispaghetti 69
Zwetschgendatschi 122

Zum Thema Vollwert-Ernährung sind im FALKEN Verlag
erschienen:
Die feine Vollwertküche (4286)
Vollwertküche für Genießer (4412)
Vollwertkost für Kinder (0968)
Vollwertküche für Singles (0937)
Keime und Sprossen in der Naturküche (4299)
Vollwertküche für Diabetiker (4473)
Schmackhafte Vollwertkost ohne tierisches Eiweiß (0993)
Die feine Vollkornbackstube (4474)
Vollkorngebäck (0816)

ISBN 3 8068 4715 0

© 1992/1993 by Falken-Verlag GmbH,
65527 Niedernhausen/Ts.
Die Verwertung der Texte und Bilder, auch auszugsweise,
ist ohne Zustimmung des Verlags urheberrechtswidrig
und strafbar. Dies gilt auch für Vervielfältigungen, Überset-
zungen, Mikroverfilmung und für die Verarbeitung mit
elektronischen Systemen.
Titelbild: TLC Foto-Studio GmbH, Velen-Ramsdorf
Fotos: TLC Foto-Studio GmbH, Velen-Ramsdorf; außer
S. 25: FALKEN Archiv/E. Gerlach; S. 21 und 114: FALKEN
Archiv/hapo agrar & naturbild, Hans-Peter Oetelshofen;
S. 28, 56, 70 und 97: FALKEN Archiv/Michael Wissing
BFF; S. 88: M. Daniel, Wiesbaden; S. 12, 92 und 126:
Ingrid Gabriel, Wiesbaden-Naurod; S. 117: Christl und
Gabi Kurz, Bischofswiesen; S. 2, 4, 8, 11, 15, 18 unten, 22,
30, 31, 44, 48, 65, 75, 85, 109 und 128: Reinhard-Tierfoto,
Heiligkreuzsteinach-Eiterbach; S. 1, 18 oben, 52, 102, 106
und 124: H.-J. Schwarz, Mainz; S. 41 (Kuchelbauer Josef)
und S. 101 (Ladislav Janicek): Silvestris-Fotoservice,
Kastl/Obb.
Satz: Fotosatz-Studio Creatype GmbH, Eschborn
Gesamtkonzeption: Falken-Verlag GmbH,
D-65527 Niedernhausen/Ts.
Druck: Vallardi I.G. Spa - Lainate (MI) Italia
817 2635 4453 62